設計後半生

策劃
香港設計中心

設計，可以做更多的事

設計跟老齡化有甚麼關係？大眾如何認識老年人在身體、心理和未來老年的生活挑戰？當全球面對人口老化問題時，設計又可以擔當怎樣的角色？這就是「設計光譜」項目在 2021 年透過「後。生」展覽，嘗試向社區展示和推廣設計的重要題目。

從同理心認識老齡需要

「後。生」展覽帶給我最深刻的印象，是實現設計思維過程的第一步：同理心。對於大部分參觀者來說，他們未必深切認識老齡或長者的需要，但透過在展覽內穿體驗衣、找字詞、砌動物等設計工具，有助不同年齡的人士了解老年人面對的身體、心理和生活挑戰。

人口老齡化是設計業界一直關注的社會議題，倫敦設計博物館早於八十年代已開始提及，四、五年前更有大型主題展覽探討設計與人口老化的相關議題，如何「設計給未來的我們」。近年愈來愈多不同專業界別參與討論，北歐、日本等國家亦積極發展長遠的老人福祉政策和設計研究。相比起來，「後。生」

展覽的規模雖然不大，卻搜羅了不少來自本土業界有心的設計或創新團隊作品，以回應「後半人生」衣、食、住、行、樂的生活需要，足見這個社會議題的重要性。

針對大家的未來老齡生活，設計能在不同生活層面發揮作用。例子包括：OXO Good Grips 削皮器，透過輕巧的手柄設計，方便手部活動能力各異的人士使用；具備對話功能的智能機械人，陪伴獨居長者聊天；具備跨代考量的公共空間設計，鼓勵全民外出活動，保持身體健康；無人駕駛汽車的新科技，則配合未來七、八十歲長者的出行需要。這些真實案例，透過參與式設計，鼓勵不同年齡、有不同需要的用家與業界進行跨界別合作，探索創新可能性。然而，我有感現時的老齡設計尚未融入主流市場。長遠來說，我們需要加強推動通用設計，讓共融設計的概念潛移默化地應用於生活和社區當中，照顧不同年齡層的用家需要和心理感受，減少被標籤化的機會。

設計思維的力量

香港設計中心一直致力讓社區大眾和業界深入了解設計和設計思維的力量——設計不只是美學。我們希望帶出，設計思維除了能解決社會和生活問題，更是一種思考工具。

近年的新冠病毒疫情，不只是一場重大的全球公共衛生危機，同時對經濟、社會、民生帶來極深遠的影響。在後疫情時代下，我們需要重新審視大家的位置，正視和反思長年積累的社

會議題，包括環境和氣候變化、人口老化、公平教育、資源供應、生產模式，找出設計介入的新契機。例如日本設計公司 NOSIGNER，以兩米長吞拿魚的海報視覺，淺白地解說新冠疫情下的「社交距離」概念，讓老年人、小朋友一看即懂。這種具創意、生活化的傳意方式，需要廣泛地應用於防疫用品的圖像說明、包裝及推廣。我由衷鼓勵設計界主動參與更多社會議題，充分利用設計思維去幫助市民、企業、社會以至政府，回應未來的新挑戰。

打造設計推廣平台

「設計光譜」是香港設計中心首個面向公眾的平台，以推動社會欣賞優秀設計為使命。於 2019 年起由香港特別行政區政府「創意香港」贊助，定期在灣仔茂蘿街七號，舉辦不同設計主題的展覽和公眾活動。首年展覽主題呈現亞洲設計哲理，內容以產品、物料為主；次年深化展覽內容，從遊玩、老齡、快樂等議題，探討設計在社會的角色和影響力。香港設計中心過往曾出版不同書籍，希望透過文字記錄，有系統地整理展覽和活動內容，將這兩年於「設計光譜」累積的寶貴經驗和知識延展下去。

今年是我擔任香港設計中心主席的第六個年頭，我會繼續與香港設計中心全人，推動香港成為亞洲區內享譽國際的設計之都。我們將於 2023 至 2024 年期間，在深水埗打造全新的設計文化交流中心，提供展覽、工作坊、餐飲和零售等的多元化體

驗。目標是聯繫不同的設計專業範疇，鼓勵設計師進行創意交流，同時讓年輕設計人才展示作品，拓展亞洲以至全球市場，全面向不同業界和社會大眾推動設計的影響力。

嚴志明

香港設計中心主席

設計與生活息息相關

大部分人普遍認為設計是那些放置在博物館內或是價錢昂貴的東西——其實設計跟日常生活息息相關。無論是大家身上穿著的衣裳、使用的桌子、安坐的椅子或書寫的筆具，每件設計的背後都是某人或某個團隊的獨特構想和製造經驗。「設計光譜」的宗旨是透過舉辦展覽、工作坊和導賞團，向社區推廣設計背後的想法，促進公眾對設計的認識。「後。生」展覽關注全球人口老化議題，深入淺出地展示「以人為本」的設計思維，將不同年齡、身體能力人士的需要，列入設計的基本考量，探討一連串設計師在設計之前需要解決的重要問題，達致共融生活的未來願景。

年老是一個漸進的轉化過程，老齡設計需要考慮老年人的身體衰退，和生命各階段的歷程。正如設計家具時，設計師會關注不同年齡層的家庭成員需要，從小朋友、成人到長者，還會考慮意外、疾病引致的使用問題。因此，這是一個關乎所有人的事。

在日常生活中的每一件瑣碎小事，往往能夠引領大家思考社會

議題的源點。好的設計，則能夠簡單、直接地回應不同生活面向的挑戰。「後。生」展覽，從衣、食、住、行、樂的角度，帶出設計既能夠解決日常生活的挑戰，同時讓用家得到愉快的體驗和反思。其中一件讓我印象深刻的作品——「腦化外套」系列，設計團隊啟民創社透過深入的設計研究和細節處理，以簡明的手法，讓大眾理解認知障礙症長者在日常生活中遇上的挑戰，同時傳達正面回應的方法，和「後半人生」的態度。

培育年輕創意人才　連繫不同界別

香港設計中心多年來積極培育創意人才，推廣設計思維文化。我們希望透過「設計光譜」的定期策展，展示來自本地和亞洲的優秀設計，增進大眾對設計的認識，同時吸納擁有設計天分、潛力的人入行，培育創意的新生代。綜合我在建築、設計教育工作逾二十年的經驗，香港不乏優秀的設計人才。以香港知專設計學院畢業生劉子晉為例，他受到家人行動不便的需要啟發，構想輔助步行產品的概念，設計出「Tri Cane」，作品曾經遠赴米蘭家具設計展交流，更獲得紅點設計大獎的「Best of the Best」獎項。近年我喜見新一代的年輕人愈來愈關注社會議題，他們選讀設計的原因，大多為了幫助社會解決各種問題，如老齡化現象、偏遠山區的居住狀況等。

面對未來人口老化的挑戰，從產品、企業和社會對長者年齡群的關注將與日俱增。長遠來說，我們要促進社會、商業、設計界別攜手合作，匯集、串連和平衡所有社會持份者的觀點和需

要，發展出具備設計思維及社會責任的跨界別創新企業發展模式。我們深信設計思維能夠將同理心運用於不同的業界發展和規劃層面，包括理解不同用家的需要、關注業界生產的細節，甚至應用於學校的課程構思、政府和不同機構的項目規劃、人才培訓和公眾教育層面等。通過「設計光譜」的平台，讓大眾重新思考設計與人、生活、製造業和環境等不同的關係。

香港設計中心未來將致力促進設計及創科業界、社會機構、商界之間的合作，結合香港優秀的科研技術及設計業界的力量，推動智能生產模式和市場推廣，例如將本地物料科研、初創技術，更廣泛地應用於未來的銀齡產品；同時建立更多展示香港年青設計人才和初創企業的平台，讓本土設計在全球市場的曝光度更上一層樓。

黃偉祖
香港設計中心行政總裁

序二

衝破對老年人固有的想像

香港人口老化的趨勢已成為大眾關注的議題。根據政府統計處的數字，現時六十五歲或以上的長者約佔香港總人口 20%。預計長者人數將於 2066 年大幅增加至二百五十九萬人，佔香港總人口的 36%。

年老是大部分人生必經階段，但尚未老者大都難以體會「老」的感覺。很多人直覺認為長者是「受助者」，需要依賴家人和社會機構才能生活。其實不然，85% 的長者人口身體強健，具備自我照顧能力，仍然十分活躍。諸如此類的認知與事實之間的鴻溝，在日常生活中屢見不鮮。因此，推廣「積極老齡化」的理念，推動年長者融入社會，繼續發揮潛能，或組織以各式各樣創新的方式去豐富年輕一輩對長者的認識就顯得尤為重要。

現時社會不僅對「長者」的認知較為單一，對提供予長者的幫助範疇和支持形式也同樣缺少了解。《設計後半生》一書透過採訪不同領域的相關組織和機構，其一，期望向大眾展示創新的多樣性，展現他們如何在不同範疇賦權予長者、推動積極老

齡化，從而豐富大眾對長者的認識；其二，本書亦展示了創新的可能性，希望能對大眾或相關機構在設計長者服務和產品方面有所啟發。

此書記錄了多個創新設計的實例，展現出設計上的創新在於長者不再只是接受服務的對象，他們既可以受益於創新的樂齡科技，也可以成為引導者，甚至設計師，引領青年及中年一代對「長者」及長者的生活有更全面的認識。而「創新」也不單純只是產品上的創新，亦可是項目和服務的創新。甚至還有一些機構將「創新」實踐於那些較少被注意到的長者需求，設計出方便生活的成人口水肩、「執到正飲食圍巾」等。

這些推陳出新的項目或產品以目標來說，大致上可分為三類，包括「提升認知」、「提高生活質素」及「拓展潛能」。這些創新項目的初衷和香港理工大學活齡學院（活齡學院）的發展重點不謀而合。自 2010 年成立至今，活齡學院一直致力於推動老齡主題的研究創新、老齡學的跨學科教育，以及倡導活齡的循證實踐。近年來，活齡學院成功推出多項循證實踐項目，創新地融入跨代元素，藉以推動跨代協作和理解，賦能長者繼續奉獻社會，提高長者生活質素。

儘管建設老齡友好的社會仍有一大段路要走，但《設計後半生》所舉之實例，讓我們看到了年齡友善這一美好願景的輪廓，我們完全可以期待這一輪廓在未來，透過各持份者的努力，變得愈加清晰。以此讀後感作為小結，並與各位共勉，希

冀我們能攜手推動積極活齡，共創年齡友善的社會。

白雪

香港理工大學應用社會科學系副教授暨活齡學院總監

社會福利諮詢委員會及安老事務委員會委任成員

年齡只是數字?年老是人生必經的階段,二十一世紀全球人口老齡化也是無可避免的事實。聯合國經濟與社會事務部(Department of Economic and Social Affairs)發表的《2019年世界人口展望》(World Population Prospects 2019)報告[1],估計 2050 年,全球人口將增至九十七億,當中每六人便有一人是六十五歲以上的長者。香港將在 2050 年成為全球人口第四老的地區。香港特別行政區(特區)政府估計,香港人口高齡化速度較預期快,六十五歲或以上長者人口推算在未來二十至三十年間將增加接近一倍,年齡中位數將升至五十二歲,即每三名香港人中,約有一人是六十五歲或以上的長者。在這個龐大的預測數字,其中一位未來長者,就是現在的各位中年、青年人。大家有沒有想像自己的未來老齡社會和「後半人生」會如何?

這本書源自香港設計中心的創意項目「設計光譜」(Design Spectrum)於 2021 年度舉行的「後。生」展覽,策展團隊為展覽取名「後生」,既是本地老人家稱呼年輕人的用語,同時希望當大家即使步入「後半人生」,仍可擁有「後生」(年輕)身心,面對不同生活、社會層面的老年難題。本書從設計生活

1　聯合國經濟和社會事務部網站:Growing at a slower pace, world population is expected to reach 9.7 billion in 2050 and could peak at nearly 11 billion around 2100, News from Department of Economic and Social Affairs, 2019

和文化角度出發，延續「後。生」展覽內容的討論，藉由不同的設計例子，了解老齡化議題和長者生活需要，加深大眾對「老年」的認知，同時透過訪問形式與十五個從事老齡創新、齡活城市研究、銀齡產品服務和創意教育的設計或社創單位，探討「設計」如何從衣、食、住、行、樂等生活層面上，讓大家準備未來的「後半人生」，利用設計思維探究共同建構未來年齡友善城市的可能性，紓緩香港未來人口高齡化的問題。

目錄

UNDERSTA
THE OLD

IDING

第一章

認老

設計思維不只是理解他者的需要，更重要是帶出以人為本，以同理心關注身邊不同年齡、背景的人、事、物的狀態。「老年」對於大部分中年、年輕人來說，是一件遙不可及的事情，甚至不想面對。然而，年老是每個人必經的自然階段，我們如何讓大眾從「第一身」角度體驗、提早認識老年人的感受，打破「老」帶來的負面印象？

此章分享三個從事社會創新的社企和設計研究單位，透過設計多元化的體驗和工作坊，讓年輕人和大眾「未老先體驗」，從日常生活中了解老年人和照顧者面對的挑戰和生活智慧外，更透過共創過程與不同界別人士合作，樂觀地思考和回應老齡化社會。

90/f UP
繼續精彩
Stay Active
Stay Young
80/f
同理心
2kg
10kg
5kg
紳士的不是拐杖

未老先體驗

歷耆者

我不介意活到
一百二十歲！

創立於 2013 年，歷耆者是一間致力推廣長幼共融的香港社會企業。希望結合長者經驗智慧和年輕人創意熱情，產生跨代力量。透過體驗活動，讓大眾體驗長者身心狀況，促進跨代對話，為企業提供社會責任計劃、企業培訓工作坊。歷耆者已舉辦了超過八百場體驗和培訓工作坊，服務逾二萬四千人次，希望可以孕育同理心、敬老精神；倡導平等和重視長者權益等社會價值、共同建設年齡共融的長者友善社區。

網址｜ www.eldpathy.hk

六十日耆，老年也。

六十歲真的「老」嗎？

你想像中的「老人」跟現實中五十、

六十或七十歲長者形象相差多少？

設計光譜 2021 年度「後。生」展覽，第一個部分叫「未老先體驗」，策展團隊特別在展覽中設置模擬上落梯級的場景，邀請參觀者穿上高齡體驗衣（Ageing Suit），包括駝背背帶、約束帶和老花眼鏡，感受八十歲的老人身體。「高齡體驗衣，是一個很好的切入點。老是抽象的，穿上身體的體驗衣，卻是實實在在的體會。」

從小由祖父母照顧的陳浩民（Herman Chan），2013 年從台灣引入這套高齡體驗衣，跟江穎敏及曾家鑫共同創辦香港社會企業「歷耆者」（Eldpathy）。公司的英文名字解作「Empathy for Elderly」，建立對長者的同理心。這班剛大學畢業的年輕人，希望透過高齡體驗活動，讓大眾切身感受長者生活上的困

難，推廣長幼共融文化。團隊成員由長者和年輕人組成，約有四十人，在過去八、九年間為不同企業、學校、非牟利組織、社區人士，舉辦了逾八百多場體驗老齡、提倡跨代共融的工作坊。這次參展「後。生」展覽，歷耆者更以親子跨代劇場工作坊，跟一家大細齊齊「歷耆」，討論如何為「後半人生準備」。

「這個展覽像一條時光隧道，內容貫穿過去與未來，令人看得舒服。有長者『後生』（年輕）時代的經典香港文化展品，亦承先啟後，關注銀齡創新社企、社福團體、設計師等，展示他們不同類型的新長者服務和老齡創新設計。」年輕高大的 Herman，說起話來成熟、直率，身為人父的他坐在電腦鏡頭前一邊「湊女」，一邊熱情地分享：「以設計角度展示老齡生活，不像新聞報道社會議題般沉重，讓人憂慮老年退休後的醫療負擔、社會福利開支等，鼓勵大家抱持樂觀的態度，面對人口老化的未來。」

如何讓年輕人「嘗老」？

人有不同年齡、種族、性別和形形色色能力，生老病死是人生必經的變老階段，除了要面對身體機能退化，還有心理、人際關係、社會和環境等挑戰。老年是可怕？還是未知？關鍵在於大家能否踏出一步，親身面對。啟發 Herman 創立歷耆者，是體驗失明人士生活窘境的主題館「黑暗中的對話」。這種「以身嘗老」的方法早於七十年代，由美國著名產品設計師和老年學專家 Dr Patricia Moore 採用，她運用荷李活電影的變妝技

術，將自己當時二十六歲的身軀變身八十五歲婆婆，變老遊歷了共一百一十六個北美城市。Dr Moore 藉着這項實驗研究，了解老年人如何運用智慧適應老年生活的挑戰，並將過程著書 Disguised: A True Story 出版，迴響深遠，影響設計專業、社會人士重新審視設計和老齡化的關係，並帶動社會關注長者生活和通用設計的重要性。

高齡體驗衣則是由日本汽車品牌日產汽車（Nissan）研發。面對全球高齡人口增長，汽車市場愈來愈多老齡駕駛者，車廠要讓年輕的設計師親身體會老年用者的需要，從而設計適合老年用者的駕駛系統、空間。這套在十多年前研發的高齡體驗衣，透過特別改造的眼鏡，加入不同重量的衣飾部件，模擬視力衰退、硬關節、背痛、行動困難等身體老化的狀況。作為一種設計思維工具，高齡體驗衣容易讓體驗者對長者產生同理心，逐漸在醫學、社福界使用，成為培訓老年醫護人員的工具之一。歷耆者採用的高齡模擬體驗衣，來自台灣弘道老人福利基金會和財團法人自行車暨健康科技工業研究發展中心的共同研究、製作，這套體驗衣主要由不同部件組成，參考不同專家意見設計。

特製眼鏡：模擬視覺衰退徵狀，視力變淡黃、模糊不清，如白內障、黃斑病變；負重及約束裝備：模擬駝背、手腕和手指關節變化；腳部負重：模擬肌肉衰退和行動緩慢不便；耳塞：模擬聽力下降、衰退。

歷耆者創辦人 Herman 穿上高齡體驗衣，親身體會社區長者穿梭於橫街窄巷的感受。（圖片提供：歷耆者）

體驗者穿上體驗衣後，會進行不同日常活動如穿衣、步行、過馬路、上落樓梯等，過程絕不簡單，要花更多力氣、精神和忍耐力適應身體退化後的不便。「這套是平民版的高齡體驗衣，特點是『粗用』、『可以出到街』，讓參加者感受身體退化的長者，如何在社區中生活。」瀏覽「歷耆者」的臉書相集，可以見到各種嘗老體驗：Herman 步履維艱地上落唐樓梯級；學生們面容扭曲地彎腰執豆；有人氣喘吁吁，緩緩走上斜坡；有人遲緩搖擺地在港鐵月台上落……「穿上這件衣服後，年輕人被

迫變成八十歲體弱長者，他們變得動作緩慢、視力模糊，自然有很多說話分享。我們工作坊由長者導師帶領遊戲和深化討論，演活『老』的概念。老有很多不同的形態，有人八十歲跑馬拉松，有人六十歲身患危疾，種類廣泛。」

這班歷耆者導師主要由五十五至八十多歲的長者組成，他們身體健壯、性格活潑具幽默感，喜歡分享養生之道，打破老人家大多數是「盟塞」、「保守」的固有負面形象。在工作坊的對話讓參加者對長者增加好奇、理解，日後面對家中長輩、社區長者時，更願意相處和了解他們。Herman 分享了其中兩個深刻的片段：有一位長者導師，曾在工作坊遇上兩位年輕少女，完成戶外體驗活動後，她們全身汗流浹背，幾乎累壞。學生匍匐前進，到達學校門口，卻停下來等長者導師給她一個擁抱說：「真係覺得你們好犀利。」擁抱代表少女們的學習感受，這份欣賞之情，導師銘記至今。

祖孫輩之間有種獨有的聯繫，有時比父母關係還要深。有次活動後，外表酷靜的年輕人獨個留下，跟長者導師說聲謝謝，驚訝能夠自己對素未謀面的長者，分享連對親父母、朋友也說不出的話。「老人家活了那麼多年，擁有智慧、親和力，容易讓人舒服地打開心扉。那段時間正值社會低潮，一位僅有小學學歷的長者，讓年輕人說出心底話，紓緩煩憂，帶出了另一層社會意義。」

除了工作坊，長者導師亦參與跨代劇場設計，從日常照顧孫仔

「後。生」IDK 設計思維工作坊：「童夢耆緣」互動劇場。（圖片提供：歷耆者）

女的經驗，引出老中青三代生活磨擦位。在「後。生」展覽的工作坊，由父母穿上高齡體驗衣，演出長者與孫輩面對數碼科技應用、煮飯等的矛盾位，讓小孩們發覺父母都會老，終有一天要肩負照顧他們的責任。

跨代溝通

面對人口老化問題，主流認為長者將成為社會重擔，Herman抱持積極樂觀態度面對：「新一代長者注重養生、食療和健康，社交興趣廣泛，更會互相支持。我們社企成立至今，目睹過去十年政府給長者的資源愈來愈多，從樂齡科技、軟食自助餐、銀齡新產品，種類層出不窮，甚至出現老人電競！這班成長自香港經濟最繁榮時期的青老（young-old），有學識、人脈、財富，特別中產那班，具備足夠能力，動用資源面對自己的老年問題。反之，這刻我認為年輕人更需要資源，來準備未來的老齡化社會，重建跨代之間的溝通和理解。」

這代年輕人時常被形容「一蟹不如一蟹」：無禮貌、眼睛盯緊手機、不懂讓座等。容易與上一代發生磨擦：「溝通和同理心是需要時間培養，年輕人的讀書功課壓力大，社會環境令家庭少了機會跟祖輩同住。以前我們每星期跟公公婆婆飲茶聚會，甚至住在一起，能夠互相理解對方，現在年輕人週末活動繁多，要補習、課外活動，祖孫相處機會相對大減，對長者的理解和接受空間自然更少。」

成年人，即中年或將近老年的企業管理層，卻迫切地需要體會老年。養老是一種成本，隨着社會人口老化，扶養比率愈來愈低 —— 即是愈來愈少香港勞動人口扶養長者。加上未來就業人口將會成為照顧者，若準備不足，他們將要承受沉重的身心壓力。「企業為員工提供老齡體驗，提醒注意身體保養，還要及早為父母年老後部署。若父母身體健康衰退，可以從哪些情況開始規劃，如院舍、居家安老需要的設施、裝修，讓家居更長者友善，減少發生跌倒等意外的機會。」

體驗社區的長者友善程度

除了個人層面，配合不同機構、企業、學校和團體需要，歷耆者亦以世界衛生組織（世衛）「長者及年齡友善社區八大範疇指標」為框架，探索不同老齡生活的體驗活動。

「探索活動通常選址於公共屋邨舉行，舊型屋邨基本生活設施齊全：交通資訊、社區中心、醫務所、街市、食肆等。如南山邨，社區設施盡量集中在一個地方，不需要走太多路。這類設計讓居民原居安老，他們對地方的熟悉度，有助長者適應老年生活。即使年老後，身體出現缺損、退化，都有鄰里扶持。這跟我現居於將軍澳區的新市鎮社區相比，簡直是兩個世界。荃灣則是天橋城市，甚麼東西都連接一起，商場的空間規劃將設施分隔很遠，跟長者友善設計概念是兩碼子的事。其中一個反面例子是奧海城，由於商場面積太大，從食肆到超級市場，要走很遠的路程，幾乎是長者們頭號聞風喪膽的地方。」

數年前歷耆者亦為港鐵員工培訓，在港鐵站內進行模擬高齡體驗，讓站長從乘客角度感受長者的乘車需要。「當你穿上體驗衣變成駝背後，大多要低着頭走路，看不到車站內上方的標示；佩戴特製眼鏡後，字體太小，也看不清楚。」如是者，港鐵近年改善了車站內的指示，字體愈來愈大。如金鐘站、南港島線的轉線指示，視覺仿傚醫院設置在地上的標示劃分。「設計做到全面共融，連我作為一名普通的後生仔，亦受惠於地上的指示，輕鬆地遊走於車站內。」港鐵亦安排長者擔任「社區老友大使」，以耐性和親和態度為長者乘客提供協助。

除了居住空間和交通，還有以快餐店情景為主題的老齡用餐體驗，培訓飲食企業的職員。「不管天熱天冷，長者都喜愛光顧麥記（麥當勞）、大快活。這些平民快餐場所的長者流量，比長者中心更多。無論是顧客服務、室內空間設計或訂餐系統，

學生穿上高齡體驗衣感受身體機能退化後的困難。（圖片提供：歷耆者）

工作坊由長者導師帶領活動和分享，演活「老」的討論外，也讓參加者建立對老年人的同理心。（圖片提供：歷耆者）

都需要加入無障礙設施。其中一個新增的長者服務設計，鼓勵長者使用折扣優惠，促進長者和家人用餐的相聚時間，無形間令長者家庭地位提高，帶來社會效益。長遠來說，為企業帶來客源和營業額。」

未來的銀齡市場

讀到這裏，你大概會想「銀齡市場」商機，潛力無窮！大學主修商學院市場學和管理學的 Herman，在訪問中多次用「人多勢眾」來形容老齡社群的數量，反覆地提醒我們，未來的街上會見到愈來愈多的長者。

高齡體驗工作坊，讓參加者走進社區與長者直接對話，透過跨代對話了解彼此的想法。（圖片提供：歷耆者）

「銀齡商機（silver economy）指出長者人數愈多，市場力量自然變得愈來愈大。有些書則指出銀齡市場人數雖大，卻是分散的（fragemented segments），絕不能籠統地說，長者一定喜歡輪椅產品、養生甚麼的。這個年齡群的市場分類，是根據興趣、喜好和生活習慣而定，包羅萬有，市場確實存在，但需要大家深入了解每一位長者的生活習慣、習性後，才能夠針對所謂的『銀齡市場』。」

經歷 2020 至 2022 年新冠肺炎疫情後，預料社會數碼應用將成為未來大勢。疫情期間城市減少人群聚集和外出活動，歷耆者的工作卻沒有停下來。透過 Zoom 和數碼科技，一班長者導師掌握視像會議科技，繼續在線上帶領高齡體驗。Herman 有感在資訊科技層面上更需要運用設計思維和同理心。「在資訊科技業界、科技技術人員、Apps 程式之間，需要設計師在過程中介入，如設計程式功能介面。別顧着發展智慧城市（Smart City），忘記長者朋友的需要。應用程式盡量共融，例如：HKTV Mall 為了理解銀髮顧客的需要，進行焦點小組研究應用程式的設計，讓長者舒服、容易地使用電子商務服務。」

● 百歲人生

英國經濟學家琳達·格拉頓（Lynda Gratton）和心理學家
安德魯·斯科特（Andrew Scott）合著的《百歲人生：長壽
時代的生活和工作》（*The 100-Year Life: Living and Working
in an Age of Longevity*），提醒大家要有覺悟，全球將一半
人口會活到一百歲。

「我不介意活到一百二十歲！」樂觀的陳浩民，想像自己
可以長命百二歲。「書中研究的百歲人生概念，將傳統人生
三階段，演進成為不同的路徑，人生重新洗牌、規劃。大
部分人畢生努力工作後，六十歲退休享受生活，其實是一
個幻覺（fantasy）。在六十歲退休後，還有四十年人生要
過。年老後的你，會經歷身體退化，出現不同人生挑戰。
加上社會發展快速，日新月異，你無法停下來『歎世界』。

無論是哪個年紀都要終生學習，要隨時『get ready』（做好準備）。這樣子將人生階段打散，重新再來，我覺得是一件有趣的事。我可以隨時擁抱世間的不確定性、突破想法，活到幾多歲都沒有問題！」

● 為自己的未來老齡設計

「我喜歡運動，老了的話最理想狀態是保持身體健康，長做長有，繼續參與不同運動。近年流行元宇宙、體感遊戲。我想像未來的體驗衣應該可以提升肌力，反其道而行，讓八十歲的老人，穿上後機能回春成為四十歲的身體。即是到了老年後期，身體變得衰弱，我也希望透過科技結識朋友，繼續運動，嘗試新的東西，保持學習和玩的心境。」

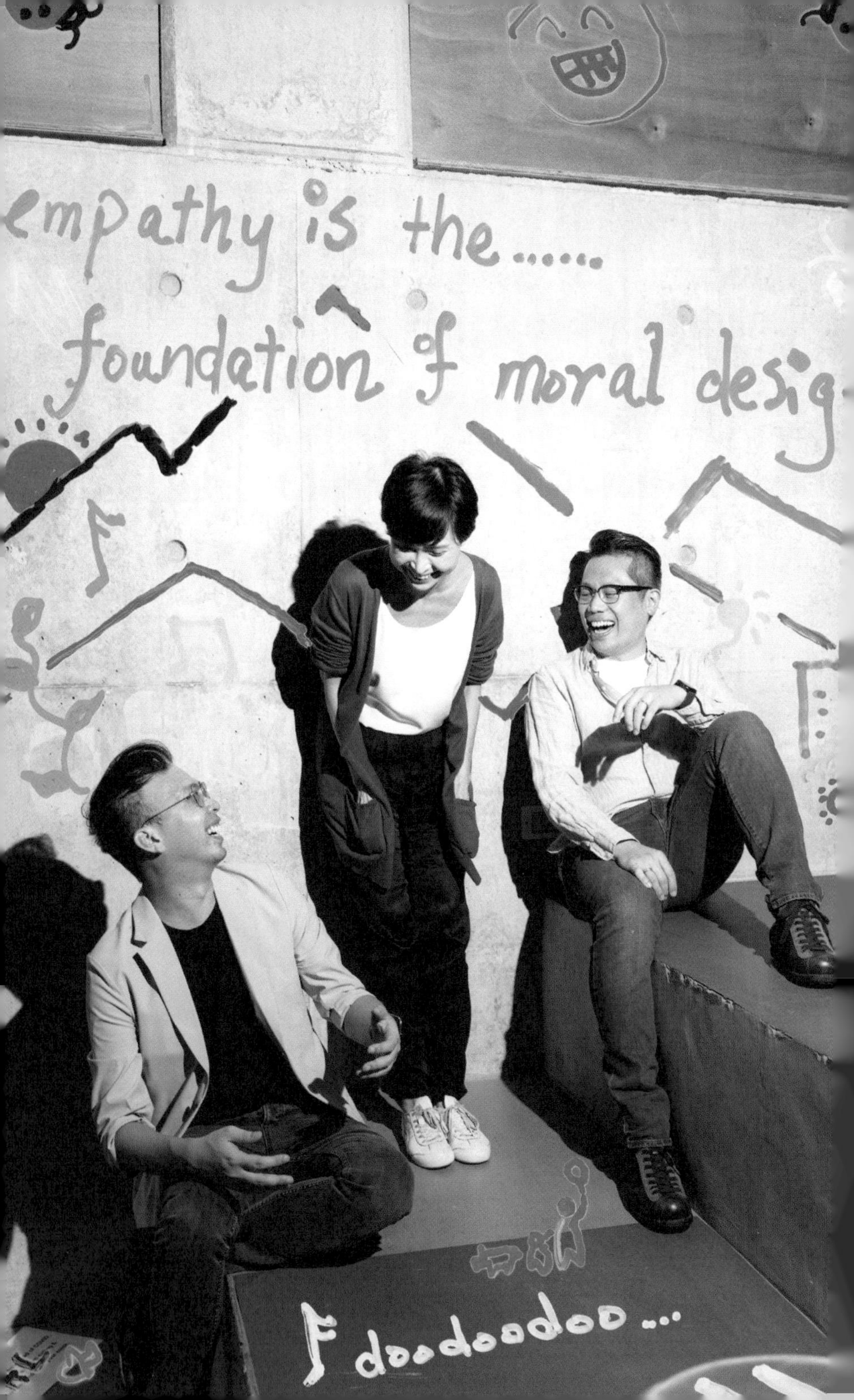
empathy is the......
foundation of moral desig
doodoodoo...

長者眼中的城市設計視點

02

樂齡實驗室

跨代對話讓學生更樂意了解家中長者的意見，間接地教懂設計師明白如何待人處事。

樂齡實驗室於 2021 年成立於香港中文大學建築學院，提倡跨界別協作，讓用家和專業人士共同參與設計研發，改善建築環境和實現康健頤年。

網址｜ www.happyageinglab.com

房屋建築圖則和設計專有詞彙，
對於一般人來說，像「火星文」般，
似懂非懂。這些建設在城市中的住屋、
道路、設施和公共空間卻是市民優質
生活的關鍵場所。

研究平台樂齡實驗室（Happy Ageing Lab），主力倡導跨代共同設計的建築城市空間項目和研究專題，透過訪談、工作坊、焦點小組和參與式設計，培養長者從用家為本的角度出發，就建築設計、公共空間、設施等進行評估，綜合整理這些「長者及年齡友善城市評核員」觀點後，為建築學生、建築師、規劃師、物業房地產業、服務供應商等提供建議，從而改善設計策略和計劃方案，回應未來老齡城市的需要。

面對全球大量人口老化，世界衛生組織和各國政府、城市、機構、專業，正在積極發展全球性年齡友善城市。2007 年世衛發佈《全球老年友好城市建設指南》（Global Age-friendly Cities: A Guide），以八大範疇為基礎，包括室外空間和建築、

交通、房屋、社會參與、尊重和社會包容、公民參與和就業、信息交流、社區與健康服務。當中香港表現最差的範疇是「房屋」及「社區支持和健康服務」，背後與規劃和設計有密切關係。

連結專業和長者的設計視點

「很多時候，城市建設項目的設計，決定權都不在用家身上。例如：房屋是由發展商管理層和建築師設計，不是住客；校園是由學校管理層規劃，而非使用者 —— 師生。專業人士擁有豐富的建築規劃知識和設計技術，礙於守則標準未能及時更新，往往無法反映長者以至其他用家的需求。例如人人夢想擁有一個很大的廚房，其實當長者慢慢變老後，生活令他們對空間需求變得不一樣。我們招募退休及年長的參加者成為設計評核員（Design Assessor），是想讓漸老的長者用家的聲音，有效地、具系統性地被聆聽和得到專業人士的認同。長者獨到的想法、喜好和生活習慣，往往是專業人士需要留意的細節和問題痛點。」毛家謙（Mo）一語道出成立樂齡實驗室的初衷。

樂齡實驗室有三位共同創辦人，成員來自城市建築及社會創新界別，包括在香港中文大學建築學院和城市研究課程任教、從事樂齡和跨代共融設計研究的助理教授毛家謙；關注建築與健康跨領域研究的高家揚（Rina），她在香港中文大學賽馬會老年學研究所工作；以及多年來在公民社會發起多個地方營造及社區創新項目的單懷亮（William）。

計劃前身是 2019 年的「小松隊」（Nutcrackers）項目，他們將城市比喻作森林，建築物、設施是不同的松樹，長者和研究員則是松鼠，如小動物般在城市中找「松果」（好東西）。透過講座、實地考察，讓長者學習「齡活」城市的知識，從城市規劃、建築環境、居住單位、自然空間、公園、服務等角度，由建築師、規劃師、社工、公共衛生等專業人士分享，理解城市環境如何影響長者的身體健康，讓他們從老年人的眼光探索城市，繼而發聲。

友善城市探索與設計評估

William 認為長者的人生經驗豐富，擁有不同身份，是長者、照顧者、市民及公民。參與「小松隊」的長者，大多來自中產背景，他們好奇、喜愛持續學習，經常四處參加活動。擔任設計評核員，對他們來說是一種認同，透過長者眼光觀看不同城市空間元素，如門、行人路、電梯等。「城市人對廁所的要求愈來愈高，找一個全齡合適的共融廁所更是難上加難，因為商場廁所設定客戶群，主要以年輕、身體能力健全用家為主。長者群曾發現有些公共洗手間採用全黑色室內設計，透過打燈營造氣氛，用家進入黑漆漆的空間時，需要擴張瞳孔適應，對於視力正在減弱或患上白內障的長者，這種又黑又有強光刺激的空間是十分危險。」

計劃深受長者朋友喜愛，至今累積了三、四十位評核員，這些累積下來的人脈和城市考察經驗實屬難得。於是小松隊延續成

「小松隊」由建築師和設計項目負責人充當導遊，帶領長者隊員由山上走到海邊，再進入城市各處尋覓，找出「松果」（齡活好設計）。（圖片提供：樂齡實驗室）

為由社會創新基金資助的「合十企劃」，並在 2021 年演化成為「樂齡實驗室」，由香港中文大學可持續知識轉移項目基金資助，主力促成跨界別協作，讓用家和專業共同參與設計研發。

這班有心的長者設計評核員多年來持續參與各種研究項目，如跨代住屋研發、公共空間探索或跟學生一起共同設計的項目，最終將知識投入社會市場。項目類型有兩大種類：委託和自發性。前者包括應用長者及年齡友善城市八大範疇，以焦點小組或參與設計方式，評估／考察建築署、香港房屋協會、發展商

樓盤示範單位及公共空間相關議題的活動。後者則採用主題性的探索研究，如考察公廁、街市、公屋等，發掘日常生活中的齡活城市議題。以下是綜合團隊過去經驗的設計評估策略和發現。

實測示範單位

身體年老後，對於家居空間有不同的機能需要，現時公屋和私人住宅項目雖有基本通用設計守則參考，即使跟足指引，設計圖紙只能反映尺寸和空間，沒有考慮實際狀況，難以適合不同年紀和能力用家的需要。「年輕設計師，身體機能與長者不同，很難想像長者用家對光源、顏色配合、家居組件重量的需要。」因此活動工作枱、廚房櫃門、廚房組合最好進行實物測試，待長者或坐輪椅人士親身試用後，他們能夠透過親身體驗說出組件、櫃門是否太重或太高，廚房空間是否足以轉身，應付洗菜、備菜、煮食的基本需要。

理想的跨代住屋

跨代共融只是將兩代人放在一起嗎？「房屋設計，不單是看單位圖則上的尺寸、面積，而是關乎人與人、人與地之間的關係，還有社區周邊服務支援。」當建築師、職業治療師嘗試設計跨代住宅時，專業人士通常偏重用者的功能需要，如輪椅進出闊度、儲物櫃高度、顏色、選材等細節。長者從用家角度，說出內心需要，例如團隊以照片形式收集長者對理想家居的看法，其中一位長者分享，他認

隊員搖身一變成為「公共空間」的評核員，為二十六個香港公共空間做評測、調研，他們的發現將成為公共空間設計和管理的重要「養份」。（圖片提供：樂齡實驗室）

為家居最重要的家品是畫作，一幅放置在客廳梳化牆壁的繪畫作品和擺放在門窗旁邊的盆栽，才是讓人住得快樂的關鍵。可見理想的長者居住空間，也需要關注用家的心理和內心感受。

探索公共空間

讓長者探索城市，理解建築空間與長者身心健康的關係，也是團隊關注議題之一。這類外出任務多數由學生與長者組隊，分別前往不同公共空間，透過訪問、統計人數、評估設計、拍照分享，了解公共空間如何讓長者樂於停留，

從公共空間到長者友善單位住屋設計,隊員透過跨界別協作與各界別同工共創年齡友善城市!(圖片提供:樂齡實驗室)

進行各式各樣的活動。這種跨代合作有助提升長者的參與性和賦權(empowerment),如到街市買餸訪問,長者豐富的生活經驗配合學生的整理能力,合作完成考察和訪問。「人們使用公共空間的習慣,無論在生理或心理層面都有不同挑戰,例如收集屋苑居民意見時,發現長者並不擔心小朋友在公共空間活動時會撞到自己,覺得有人氣的遊樂場才開心。場地管理和發展單位聆聽和理解這些意見後,便有機會發展成為共同設計工作坊,在屋苑走廊、升降機位置、平台花園實測試驗設計。

從發現問題到創意挑戰

評核目的不只是發現規劃設計的痛點問題，透過參與、共同設計方式還可以提出方案改善環境，重點在於如何令地方變得更好。樂齡實驗室發表研究和設計評估報告外，最近推出 YouTube 系列，由長者帶領考察公共空間，以「貼地」的方式讓大眾明白年齡友善城市概念。如「香港屋邨之長者日常」影片系列，透過玩遊戲的形式，讓長者們在屋邨買黃皮、找客戶中心、廁所、銀行等，期間發現不少公共空間趣事。「香港約有五十萬長者居住在公共屋邨，在這個擁有起居、飲食、社交、玩樂、放鬆的地方，讓大家了解長者眼中的城市空間。我們不是關注組，透過報告形式，可以跟發展商說他們做得好和不好的地方，讓他們自行跟進。」

除了城市設施和建築，長者評核員以兼職方式參與項目，也是回應八大範疇中的公民參與和就業。Mo 解說背後的社會意義：「每個人都有自己的機會成本，未來長者的兼職和義工工種類別需要更多元化，有參與計劃的長者快樂地跟女兒說：『我今天去出糧呀！』可見當評核員的工作和身份讓他們感到有意義和有滿足感，助人助己。」

想像和挑戰

一直以來城市設計的想像，由成年男性傳統角度主導，各年齡層、家庭、孩子、環境友善等因素都在整個規劃過程的尾

樂齡實驗室希望透過跨界別、跨年齡協作，為香港長者及各年齡層人士帶來更多樣化的房屋設計，推動「居家安老」、「跨代共融」的健康城市理想。（圖片提供：樂齡實驗室）

聲或制度成立後，才列入考慮要項。無論後期有多少位用家參與，只能在「小修小補」規模下做「微調整」。William 從事多年公共空間倡議工作，他直言樂齡社區最迫切的議題，是關注道路設施的無障礙性。「香港城市最大的挑戰是行動力（mobility），人年紀愈大，移動（行走）能力愈下降。公共屋邨的話，還可在邨內走動；假如住在新界的新市鎮，社區之間往往被寬闊的公路所分隔，無論是過馬路、使用隧道或天橋，對於年紀大的長者或輪椅人士來說，都是困難無比。城市管理上的大刀闊斧，變相收窄長者的城市活動生活空間。」

「人年老後因為身體機能下降，自然引起生活轉變。長者會行

得慢些、小心些，大眾卻以單一、負面角度理解長者，認為他們一定去長者中心、晨運、耍太極、飲茶。其實老是人生的一部分，他們都是一班擁有不同興趣、能力的人。在長者和年輕人的互動中，我們見到長者經常主動了解年輕人的世界，不想落後，積極與時並進。」團隊相信樂齡實驗室有助長者和年輕人兩代互助互補，讓未來的建築師和設計師透過設計回應身邊的人、朋友和世界的需求。

作為教育工作者的 Mo，發現建築系學生從中得益良多：「學生曾經在課程問卷中分享，自從與長者共同設計，在過程建立的同理心。有人改變了他對建築設計的想法；有人與嫲嫲重新連結祖孫關係；有人重新思考未來使用者的角色。我認為透過長者介入設計教育，愈早愈好，因為跨代對話讓學生更樂意了解家中長者的意見，間接地教懂設計師明白如何待人處事，造就相互了解的基礎。」

即使是在職專業人士，共創過程亦能夠讓他們重新思考設計守則背後的社會意義，透過細節調度和處理，關注不同年齡用家的需要。長遠目標，希望藉着設計思維在城市系統中帶動改變。「專業界別之間缺乏交接，各有各做。以人為本的設計需要關注身體機能、感官、心理感受、社會需要等，這並不是單靠建築師或設計師的專業能夠應付，因此未來更需要結合不同專職人士經驗和用家的生活智慧，參與設計過程當中。設計並不只是一張美觀圖片，更重要的是那生活願景背後看不見的東西。特別要在設計初期，讓不同專業、用家、社區人士提早介入，轉化各界意見成為未來的設計大綱，付諸實行。」

跨代共融住屋，除了長者年老需要外，還要思考原居安老
（Ageing in Place）的可持續社會和環境元素，以下是樂齡
實驗室推介具備長者友善、跨代共融社區設計的參考例子：

● 荃灣祈德尊新邨

香港房屋協會位於荃灣西的祈德尊新邨，由巴馬丹拿建築
及工程有限公司的星級建築師木下一（James H. Kinoshita）
設計，於 1988 年落成。屋苑空間設計優良，具前瞻性構
思。除了住宅單位，更有讓長者安居的松明舍單位，主要
提供二至四人的長者居住單位。單位與輪椅坡道和迴廊相
連，設置升降機和長者康樂室，具中國園林特色庭院和綠
化空間，鼓勵長者多做運動。設計考慮到家庭世代的空間
需要，如 60 至 70 歲的長者可以搬到同屋苑內的小單位生
活，讓子女和孫輩繼續在原單位居住。房協祖堯村的松齡
舍，也是木下一設計，公屋中提供彈性的長者房屋申請，
具體實踐原居安老。

● 新加坡 Kampung Admiralty

未來的長者房屋設計，注重跨代居住（intergeneration）元素。Kampung Admiralty 是新加坡第一個綜合發展案例，由 WOHA 於 2013 年受新加坡住房和發展委員會委托建造，目的是整合老年人住房、醫療中心和不同年齡層使用的公共設施。這個綠銀共居的高齡垂直村落（All in One Village），像一站式的小型城市綜合體，將社區福祉與環境可持續性等理念融合，空間採用「三文治分層」規劃，有底層社區廣場、中層醫療中心，以及上層老齡公寓和社區公園。鄰近熟食市場、購物廣場、幼稚園、兒童遊樂場、自然綠化空間、園圃等便利的社區設施。這些設施吸引其他地區的人前來社區聚腳，讓長者跟不同世代連結，促進積極老齡生活。未來長者房屋規劃的關鍵在於設計能否適度回應在地特色，突顯地區潛力，帶動連繫社區的作用。

我們的未來
老齡創造力

啟民創社

讓社會對老齡的定義和討論，不再局限於老年人的問題，而是大家的未來生活。

啟民創社是一間從事社會設計的非牟利教育機構，透過跨代共創和設計研究的專業服務，為全球社會議題提出創新方案。宗旨是運用設計思維及行動，發展針對個人、私營及公營機構的創意力培訓計劃及項目。啟民創社於 2017 年獲得香港政府社會創新及創業發展基金資助，開始首個跨代共創計劃——「社創設計室（SI. DLab）」。歷年合作計劃夥伴及資助機構包括：香港藝術青年文化協會、Center for Demens （丹麥哥本哈根）、賽馬會耆智園、香港大學秀圃老年研究中心、香港設計中心等。

網址 | www.enable.org.hk

英文名詞「Ingenuity」，意思是創造力；從社會創新角度看，則指創意源頭，往往潛藏在日常生活的民間智慧中，關鍵在於設計者如何掌握辨識、發揮出「演化」/「演繹」創意的能力，為社會議題帶來新的思考角度。

老齡化議題並不可怕，正在經歷老年的人，擁有豐富的人生經驗和智慧，他們是跟年輕人、設計師、專家共創的創新原點。

設計學博士李欣琪（Dr Yanki Lee），從事設計教育和老齡創新設計研究多年，擁有多年在各地設計學院教學經驗，2016年回香港成立非牟利社會設計、公民教育團體「啟民創社」（Enable Foundation），開展了一系列創新老齡的社創設計項目。筆者（設計研究員、編輯：徐巧詩）也是「啟民創社」的共同創始人之一，這次藉着本書分享，是過去多年來，啟民創社如何透過設計研究和跨代／跨界別共創，連結和啟發大家一起設計我們的未來老齡社會的經驗分享（Co-designing Our Future Selves）。

共創是打開對話的關鍵

「你好！你聽過腦退化嗎？其實，認知障礙症都可以關你事！」「你準備好老齡未？」這類如朋友對話的文字，是啟民創社在共創活動經常使用的溝通方式，目的是讓設計師與老中青市民、專家站在共同平台上，沒有年齡、性別、地位高低之分，建立共同討論和共創可能。

啟民創社自 2017 年開始「社創設計室」計劃，在過去五年期間，團隊分別進行了三大「老齡創新」議題，跟超過三千多位老青市民、學生、社福專家、設計師，透過設計思維、跨代、跨界別共創方式，為生死議題、認知障礙症和老齡化議題，進行設計研究和社會創新實現計劃。過程中從市民身上收集了不同的見解、故事和創新點子。以下節錄文字，是來自香港知專設計學院的學生（香港年輕市民）對老齡的感想：

「年齡只是一個數字，不應該規限了我們想做的事。」
「我明白到老人的痛苦和力不從心，我今後遇到脾氣不好的老人時，更能理解和體諒他們。」
「這個實驗令人了解老人是需要關心的。這個問題令所有人都感到無助想上天堂。」
「老人家都有權玩。」

「啟民創社」名字的意思是「啟發民間創造力的地方」，我們相信民間有創造力，為了達致社會創新，找出研究議題的設計關鍵

點，需要改變傳統為他人設計（Design for People）[1] 的思維。啟民創社的設計格言是「Design by People, for People」，是先有來自老年人、照顧者、年輕人、大眾市民、社福界、醫學等不同界別專家等分享的創意（by People），中間的跨代、跨界別共創，有時是九比一，有時是六比四，視乎題目需要；這些從他們身上學懂的東西，經過設計研究團隊深入理解、抽絲剝繭後，再提綱成為未來的人們設計（for People）。

「老」字背後的文化解讀

「老」和「老齡」是兩種不同的東西：「老」（Old）是形容詞，「老齡」（Ageing）是現實狀況，前者會帶來很多主觀看法，如「我覺得你好老、好慘。」；「老齡」則是年歲，無法逃避的事實（fact）及過程（process）。

從事二十多年老齡設計研究的 Yanki 經常不厭其煩地說：「我們正在做的事，並不是為長者或老齡群族設計，而是為社會老齡化設計，特別是為『我們』的老齡作好準備。」老是自然界必經的階段之一，「Old」、「Ageing」、「Ageing Population」的英文詞，都有較明確的中文定義，「Older」卻有點難譯，是廣東話「老啲嘅人」？亞洲社會普遍避免甚至忌諱用「老」這個字，怕帶來負面意思，社福界和市場更會衍生大量「新鮮」的代名詞：銀齡、金齡、彩齡、耆英、熟年、第三齡或直接叫

---

1 *From designing to co-designing to collective dreaming*, by Liz Sanders 這篇文章提及設計方法發展由 1984 年商業產品設計的 For People、2014 年參與式設計提倡的 With People、未來 2044 年的 By People 三個時間點，過程並不是線性的，而是來來往往地被應用在設計過程中。

《腦化幻國》以微影片形式，將認知障礙症徵狀設計成為真人角色，並找來老青演員及學生扮演，傳達共融城市的訊息。（圖片提供：啟民創社）

哥哥、姐姐，因為大家很難接受自己變老。從社會文化、法例角度看，「老」也有不同的定義。如六十五歲或以上人士（已取長者咭），是政府法例定義下的老人[2]，六十歲跟七十歲或八十歲之間有很大不同。六十歲的人很難接受自己老，八十歲的人反而能夠安然接受自己「老咗」（已經年老）。關鍵在哪一個階段能夠豁出去，「認老」。Yanki 在 2013 年從倫敦回港

2 「長者」一詞在國際間並無劃一定義。世界衛生組織資料顯示，大部分發達國家以六十五歲為長者和非長者的界線；在人口統計中，老年撫養比率亦定義為年滿六十五歲人口數目相對每千名十五至六十四歲人口的比率；聯合國則考慮發展中國家人均壽命一般較短，年滿六十歲人士大致可歸類為年長人口。（參考網站：2011 年 3 月 2 日香港特區政府新聞公報之立法會十二題：長者年齡的定義）

於香港知專設計學院（HKDI）做設計研究時，曾經發起的「老嘢設計會」引來不少討論：「好多人聽到會問，名字會不會對老人家不尊重？當時取名原意是指『老人家嘅嘢』（老人的物件），很多上了年紀的老人家，會在日常對話中說：『我呢啲老嘢，咩都唔識㗎。』（我老人家，甚麼都不懂呢！）或者：『我呢啲老嘢，好鍾意同後生傾偈。』（我這種年紀大的人，好喜歡跟年輕人聊天。）」

跟年輕人談「老」反應更大，特別是女學生，十八、二十歲聽起來，就是「老」。因此，我們為計劃取名時，通常不會用「長者」、「銀齡」、「耆英」，會直接叫老年人，一個比你年齡大的人。

設計業界經常以「用者群」（user group）、「客戶」（client）來形容年齡群或受眾，啟民創社則採用「人」（a person）為稱謂。Yanki 強調這是設計教學的重要一環：「學生們常常說要『幫老人家設計』，我們總要鄭重聲明：老年人是一個人，身份是香港市民，有一天當大家變老都會成為的人。同時，設計師都是『人』也會老，老年人就是我們未來的角色。無論是八十歲的勤叔（《腦化幻國》影片的老青演員之一）或五十歲的我（設計學博士、設計研究員），在共創過程中，都是平等的持份者，當大家將自己放進『以人為本』並打破專家同非專家的框架，下一步就會產生（同一狀態下的）同理心，為未來的我們設計（Design as People），形成人與人的連結關係。」

啟民創社在 2022 年秋季「共創腦化故仔」展覽中，展出香港知專設計學院學生的學習所得。（圖片提供：啟民創社）

腦化物語

「我們的未來老齡設計」是指甚麼？讓我嘗試以「後。生」展出的「腦化設計物件」系列作例子說明。設計師不是認知障礙症的專家，需要與醫學及社福界別專家及照顧者合作，共創接納腦退化的社區文化。腦化物件（Dementia Things）的設計方法論有三步：真人引句、腦退化徵狀[3]、腦化物件（不是人

3　Dementia，指大腦神經細胞病變引致大腦功能衰退的疾病。認知障礙症／腦退化症／失智症屬統稱，包括約十多種腦部退化的病症，如阿茲海默症和血管性認知障礙症等。腦退化人士的記憶、理解、語言、學習、計算和判斷能力受影響，部分有情緒、行為及感覺等方面變化。根據香港特區政府精神健康檢討報告（2017），認知障礙症患者高達十萬人，約長者人口十分之一。

類患上認知障礙症，而是物件患上認知障礙症）。大部分人以為「老人癡呆」、善忘和走失就是認知障礙症，其實由於腦部認知能力減弱，初期影響會在日常生活中出現奇怪的行為，如無法穿衣褲、誤用物件、在家熨銀紙、時間空間出現混亂或重複做某些事情，及早察覺配合認知訓練，有助延緩病情。因此認知障礙症人士走失，是後果，主因來自腦部方向辨別空間能力下降。

在「後。生」展覽陳列的「腦化外套」，是來自 2018 年「腦化城市」設計研究總結，過程中包括香港三百位年輕人、一百

2019 年在荷蘭設計周發表一系列的「腦化外套」，總結「腦化城市」設計研究和共創過程。（圖片提供：啟民創社）

位老年人、社福界、設計師和啟民創社的創新實驗，透過視覺化的手法，將一系列蒐集自香港照顧者和認知障礙症人士的真人故事，變成患上了腦退化症的物件，藉着展覽、繪圖、短片、工作坊等方法，傳達真人故事，亦有大眾需要學懂的認知障礙症知識接納。

這個以物件呈現腦退化人士世界的想法，源自賽馬會耆智園總監郭志銳醫生（教授）。2015 年 Yanki 與 HKDI 團隊為耆智

「腦化外套」的披風設計讓不同年齡、性別、身體狀況人士都能穿著。（圖片提供：啟民創社）

園設計一套共十一件的「耆義旅程」工具；在 2019 年啟民創社與丹麥哥本哈根市 Center for Demens 合作，由 Center for Demens 的前線醫護、社福專家和照顧者提供當地的腦化故事，如無法分辨衣服前後幅、難以辨認文字或時間等，透過設計將故事與徵狀結合，變成一套體驗工具讓中心外展成員，可以到哥本哈根市社區中推廣認知障礙症資訊。「其中最受歡迎的是『著圍裙』、『砌動物』和『找字詞』，我們將物件改裝成為古怪的日常物，讓體驗者永遠都無法完成日常任務，透過互動工作坊，讓他們了解腦化故事和徵狀外，更親身體會腦化世界的主觀感覺。」

2019 年啟民創社與倫敦設計師 Pascal Anson 合作，將認知障礙症人士經常遇上的穿外套困難，包括無法分辨左右、袖口洞和順序扣鈕等，配合照顧者解決方法，設計成為五件不同主題的「腦化外套」，包括利用 Do、Re、Mi 唱名方式扣鈕的外套，以圖像形式提示用家的設計，一件極難穿袖的同理心外套，還有採用無袖斗篷板樣的款式，讓人自由發揮穿外套方式，沒有對或錯共融的設計。系列在荷蘭設計周展出時，很多人前來參觀、試穿和分享，從中學生、設計師、藝術家、醫生、腦科專家到照顧者，對話中顯示來自香港認知障礙症社群的故事創意，能夠透過設計研究和創意轉化變成對話工具。

除了公眾教育和體驗工具，腦化設計系列亦融入長者中心訓練的設計研究項目。在 2020 至 2021 年「腦化香港」共創項目中，我們與十間社福機構合作，透過跨界別共創前線專業知

識、照顧者，基於「智友醫社同行」三大框架範疇：日常技能、認知刺激、社交互動，找出十個由認知障礙症日常生活啟發的設計新角度，透過數快樂、講沖涼、身觸覺、砌時間、共創四季、樂茶具、揮手指引和握手裝置等幫助裝備認知障礙症人士、照顧者和大眾，推廣腦化「好」生活，讓大眾接受認知障礙症（Dementia 可以 OK）。部分設計工具已在社區中心服務中使用，包括香港耆康老人福利會長康邨中心的腦輕「Zone 四季房」、以「強項為本」為靈感的認知能力體驗工具「OK De Cafe」，則在香港仔街坊會南區長者中心應用。「社工、社會學研究者、老年人本身具備創意力，雖然不是傳統美學那種，但我們應該將身份放低些，去學習他們如何『design by themselves, for themselves』。設計師的創意位是幫助他們有

「OK Dementia」系列的設計工具和展覽讓大眾認識及接納認知障礙症人士在社區的生活。（圖片提供：啟民創社）

2019 年啟民創社與丹麥哥本哈根 Center for Demens 合作，將當地認知障礙症人士故事轉化為體驗工具。（圖片提供：啟民創社）

條理地表達，或開展新角度的應用、探索。」Yanki 對設計業界的提議。

開放設計的創新性

超老齡社會在社會學家、老齡學專家眼中屬於永遠解決不到的問題（wicked problem），設計師必須要保持開放樂觀的態度，運用設計力帶給世界的新「可能性」。提倡社會創新的著名意大利學者 Ezio Manzini 教授，在其著作 Design, When Everybody Designs 提出在「人人可以設計」的時代，設計能

社創設計室「學老社」項目鼓勵大家學老、講老和思考老齡。(圖片提供:
啟民創社)

夠發展成為一個更開放的模式。例如:當設計成為一種知識,
設計師不一定要為客戶服務,可以「創作」讓人參與的系統或
提出反思。北歐設計研究學者包括 Pelle Ehn 教授的「製造未
來」(Making Futures)和 Thomas Binder 教授提出「預演未來」
(Rehearsing the Future)、「重新審視新可能」(Reviewing the
New Possibilities)、倫敦設計藝術家 Pascal Anson(啟民創社

設計總顧問、共創單位）的「日常變驚奇」（Making Ordinary Extraordinary），這個才是設計界要做的事，不要一味追求最新產品／發明，或解決問題的神器，而是方法本身需要創新。

每次有人問「腦化外套」何時生產？我們會嘗試解釋這五件外套是「示範」作（demonstration），希望引發對話，鼓勵用者或照顧者回家，為自己或家人設計自己版本的腦化外套或物件。同樣地，在「死物習作」的共創設計——一次性紙撒灰器「信別」，意念來自香港市民對死物想法，由我們的設計研究團隊和 Milk Design 工作室研發。「信別」讓家人為先人在紀念花園撒灰前，寫下對先人的說話，完成儀式後再化寶。在這項設計研究中，最終希望市民可以攜帶自己的撒灰器跟先人道別。

在眾多啟民創社的項目中，最抽象的就是以「推測設計」（Speculative Design / Art）形式表現的「學老社・齊鍊老」，以運動比喻「學老」的過程，選取四種老齡特質為設計靈感的球體互動裝置，讓大家邊玩邊思考「老齡」，收集大眾對老齡的不同看法。設計項目獲得 2020 年金點設計獎的社會設計獎，創作源頭正是來自一班從事安老服務的社福界人士，他們在圓桌討論中分享社會對老齡的看法，認為大家需要「未老學老，已老教老」，任何年紀的人都要全面地接受和面對老齡。

然而，香港準備好嗎？大家能夠將「長者友善」議題，推進成為全民「年齡友善」討論？讓社會對老齡的定義和討論，不再局限於老年人的問題，而是大家的未來生活。

● 設計你的潛行工具

啟民創社的設計思維過程，共有五個階級，簡稱
「5i」，即調查（investigation）、潛行（immersion）、
意念（ideation）、介入（intervention）和應
用（implementation）。前者是為了深入理解題目，
「immersion」是指潛行學習，深化理解對象，意念
（ideation）和介入（intervention）則是跨代／跨界別共創
意念和實驗新設計／方法，最後改良成為在服務、市場或
活動應用的版本。在創新老齡項目中，啟民創社設計了一
本共創手冊，收錄不同的設計任務讓學生嘗試。這系列的
設計任務，從變老工具、實測體驗到設計未來的老齡工
具，可以見到學生透過創意表達他們對老年人的觀察、體
會和想像力。

「想年輕人感受老齡，必須要他們能夠內化體驗。我們讓學生設計潛行變老工具（Immersing Tools）透過觀察家中或街上老年人，選一種他們最關注的缺損能力（disabilities／abilities）或老年的元素，如駝背、關節痛、視力減弱模糊，進行日常活動，讓自己潛行於老年人的生活。在設計工具的過程中，學生會思考一連串問題，如又老又盲的人，可能會有不同層次的眼矇，於是設計了一副擁有三種層次的變老眼鏡。透過親身試用和思考，他對老齡化與身體產生變化，會有更深刻的體會。」

SECOND H
LIFE

ALF OF

第二章

後。生

老年生活都可以過得精彩，透過衣、食、住、行、樂等
日常生活範疇的設計，來自不同背景的設計、建築、科
技和創新的安老服務工作室，以同理心和專業技術經
驗，推出各類無障礙、年齡友善的生活產品，協助長者
保持身心健康，帶出共融的未來老齡生活遠景。

一起好好過
日子的非裳服

04

睿程製作社

> 對有真正需要的人來說，穿著設計得好的服裝，是一件十分幸福的事，讓他們感到愛和尊重。

本地時裝品牌，由擁有三十多年製衣業經驗的姜葛蘭琴女士與女兒姜美而創立，是一家香港社企小型製衣廠，聘用和支援不同年齡以至中年婦女就業。團隊於 2018 年創業，主力設計和生產功能衣物和復康衣物，替長者、殘疾人士設計方便生活的成人口水肩、拘束服、全開式衣物、防跌輪椅背心、防撕片褲等等，並推出飲食圍巾般的樂齡「飲衫」適合大小場合，讓長者穿出快樂自信！睿程於 2019 年獲 DFA 亞洲最具影響力設計獎大獎、香港社企 Free Guider 的「優質無障礙企業」認證；2020 年得到香港社會企業總會認證為社企。

網址 | www.rhyshk.com

在這個人靠衣裝、沉迷消費的時代，你能夠想像一件適合高齡長者、重病康復人士、輪椅用家的衣裳，對他們來說，是多麼舉足輕重的事嗎？

專為長者和殘疾人士設計和生產康健、適應性、無障礙服裝（Adaptive Clothing）[1] 的睿程製作社，由擁有三十多年製衣經驗的姜葛蘭琴女士和具有時裝設計背景的女兒姜美而（Kadri）創立，集設計、小型社企製衣廠於一身，為被忽視社群、身障人士特製衣物，亦支援婦女、更生人士、精神復康人士就業。

睿程自家研發產品包括方便生活的無障礙衣物：飲食圍巾、全開式衣物、尿袋收納套、防撕片褲等。開業後第二年獲得 DFA 亞洲最具影響力設計獎大獎，姜太在得獎感言說：「對有真正需要的人來說，穿著設計得好的服裝，是一件十分幸福的事，

1　Adaptive Clothing (Adaptive wear)，「無障礙衣服」或「適應性服飾」，讓衣服質料及設計適應人的特性和需要，即人穿衣服，不是衣服穿人。通常採用具彈性和柔和物料，設計容易使用的開合裝置，如魔術貼，方便身體活動機能有限的人使用，在不用別人幫助下更衣。

讓他們感到愛和尊重。」從 2018 年開業至今,面對社會環境和疫情挑戰,睿程依然奮力地扎根本地,堅持為長者、照顧者、身障人士、院舍和機構設計,讓他們可以著得舒適、安全,有尊嚴地生活下去。

市場缺口,急切需要

香港曾經是製衣業重鎮,家家戶戶拚力工作,婦女在家「湊孩子」,穿膠花、織帽、車衣幫補家計。睿程選址在荔枝角工業區,工作室自設專業製衣工場,旁邊是會客陳列室,方便與照顧者、客戶見面;整個製作流程,百分百在本地進行。姜太介紹睿程的基本營運模式:「自從香港工業式微,很多婦女要在家照顧小孩或家人,無法出外工作,影響收入,令社會問題惡化。我們聘用資深車辦師父、基層婦女、身心障礙和更生人士,提供三至六個月訓練,讓學員變成熟手車衣工。如屋企環境許可的話,婦女還可以將衣車帶回家,一邊照顧孩子,一邊車衣幫補家計。」

疫情前,睿程車衣間熱鬧非常,有埋首製作學校、院舍訂單的製衣師父、婦女;正在學習車縫的婦女學員、前來參加工作坊的中學生、大學生們。每個導賞團,姜太會親自介紹工廠流程、每件衫背後的故事;問學生們家中有多少件 T 恤?「七件?」「不,七十件就差不多。」「阿妹,你知道住在院舍的老人家,只有一個櫃桶用嗎?當中要放四季衣物、腳套、棉胎。老了,衣衫只能剩一至三件,才放得進院舍櫃桶!」

從衣服角度，認識晚年生活日常，你會對後半人生有另一番新想像與反思。

擁有三十多年製衣經驗的姜太，過去為品牌製作服飾，本來打工的公司結束後，打算退休享受人生。讓她決心重出江湖，創業開工作室，緣自母親身體不適，入住護老院的十六個月經歷。這十六個月，姜太每天花上數小時留在護老院陪伴母親，見盡老人病患痛苦和照顧人員的辛勞。院舍雜事天天都多，十多個職員分別負責十萬件大小事務，日日大汗疊細汗。因為院友體弱、下半身無法移動，簡單如穿脫褲子，最少要兩個職員分工合作，過程要屈膝、托腰、翻身、平整，每個動作讓老人家骨頭發痛、痛苦連天。「我心痛老人家，又憂心要這樣苦了照護人員？簡單如帶母親出外飲茶，想為愛美的她，找一條『體面』、『好看』的口水肩，僅有院舍提供款式，甚至尿袋要藏在背心膠袋內，市面竟然沒有為切合長者需要而設計的衣飾產品？」

研發自家無障礙衣服

護老助人，公益派飯，人人都做到。有些事情，卻需要有經驗的人承擔，自姜太的母親離世後，朋友鼓勵姜太運用幾十年製衣經驗，做件有意義的事。在 2017 年，用了半年時間研製市場上沒有的復護產品，如尿袋套、口水肩。「大部分人需要看實物，試用後，才知道好，還是不好。」

飲食圍巾令身體不適的長者也能夠體面地外出飲茶，更有設計得「喜氣洋洋」的款式。（圖片提供：睿程製作社）

時裝（fashion design），是某時期流行的時尚服裝，隨靈感變換呈現截然不同的面貌。服裝則是穿戴衣裳（wearables），是衣服鞋裝飾品等的總稱，除了有保護作用外，還有裝飾、美化人體，帶來心理和社會文化的意義。擔任睿程設計總監的 Kadri 從市場位置角度，解說睿程的定位：「在時裝、製衣行業背後有很多數據，如哪種產品賺得最多、最有迴響或最多人穿著，都是來自市場累積的經驗。我們不是主流，這種叫無障礙衣服或適應性服飾，外國大品牌如 Tommy Hilfiger、Mango 也有，在網站發售。香港算是起步階段，我們視乎各人需要，

滿足不同的要求。」

修讀時裝的 Kadri，一直反思行業的工作意義。「以前的工作，會為了節省一、兩元美金的製作費，跟布行、師傅們左思右想。速食時裝讓市場充斥上億萬件衣服，令成衣與人的連結度很低，多一件少一件，並沒有太大意義。同學們嚮往在大品牌、廠家工作，我卻對行業產生距離感。幸而與家人在市場上找到了這個缺口，令衣飾有了新意義，可讓我和家人的專業與社會價值相結合。」

共渡生老病護，好好活下去

睿程工作室的產品，有「執到正飲食圍巾」、「你睇我唔到醫療收納袋」、保護安老同工手套等。每件產品由團隊聆聽用家或照顧者描述家人（用家）需要後研發製作。睿，有明智、聰慧的意思。姜氏母女二人，為工作室取名「睿程」，是指用者與衣服的歷程，讓他們有智慧、有想法地過好後半人生路。「不論甚麼年紀，都可以被尊重、有自主性的想法，正面地面對你的問題或挑戰。」姜太細說每個設計環節：「訂造衣衫的過程漫長，包括傾談、聆聽需要，願意站在用家的角度看。從日常生活中，抽選能夠以製衣角度解決問題的方向，構想設計、選布，弄清用家喜歡的圖案、顏色。然後，先用布頭布尾製作衣飾初辦，讓用家或照顧者帶回家試用，再拍片回來給我們看，過程前後會有很多更改。疫情前，我甚至會前往客人居住的地方，看看環境、親自教他們穿著，收集意見後，留意下一次需要改善的地方。」

無障礙背心和褲子設計尊重用家，款式、選布都貼近用家的需要和喜好。（圖片提供：睿程製作社）

防撕片褲和無障礙衣物設計可以年輕、有活力。（圖片
提供：Department of Foreign Freaks）

「衣服是最親近肌膚和身體的東西，由於要日夜共處、時常更
換洗淨，衣料需要輕巧、清洗便利，才能長長久久地跟人過日
子。我的宗旨是絕不製作即棄的『垃圾』出來，我是真心希望
幫到用家，寧可他回來再修改。」

日本哲學家岸見一郎在著作《變老的勇氣》中，分享他照顧年

老父母後的心路歷程，透過心理學家阿德勒的話，體現活着與價值的意義。他在書中勉勵說：「生病其實是重生的契機，要好好過日子。」聆聽睿程分享她們的故事時，每一件衣飾產品背後，是在鼓勵用家和照顧者，要好好地活下去。姜太和 Kadri 選來以下幾個案例分享：

飲食圍巾

去酒樓飲茶，是香港人和長者的重要家庭聚會。睿程自家開發的飲食圍巾，出品多達二十多個款式，有不同男士、女士背心口水肩，低調剪裁，圖案百變，布料選擇多元化，款式有西裝煲呔、唐裝、花布格子、恤衫。圍巾設計採用掛頸式的魔術貼開口，配合實用性的防水內層防止湯汁滲漏。還有「瑪莉蓮夢露」白裙般的披肩設計，將花布與防水布結合。其中採用旗袍款式的口水肩設計，深受視障人士歡迎，細節讓他們摸到花鈕和頸領。除了現貨發售外，還有飲食圍巾工作坊，讓參加者由零開始學習製作。

特別住院服

有些末期病患者的身體會出現腫瘤，有些患者連手術袍也穿不上，甚至影響日常生活，睿程跟醫院共同設計出適合末期病患者的住院衣服。

居家病患

長者晚年多病，需要在家療養，情況相近的還有中風、肌肉萎縮、痛風、腦退化等不同病患者。Kadri 分享睿程遇

飲食圍巾也有文質彬彬的男士西裝款式設計。（圖片提供：Department of Foreign Freaks）

過一位身患驚恐症的男士，他懼怕衣服上的縫線和鈒骨，整天要用熨斗熨平衣衫，結果熨毀全部衣褲，冬天只能穿短袖衣。「我們不是醫生，無法解決他的心理問題，只能為他做一件完全沒有可見的車縫線和鈒骨線的衣服，讓他有長衫、長褲和棉褸過冬。」

護理員手罩套

除了病人，護理人員和長者亦容易在照顧過程中受傷。例如當護理員移動腦退化長者或病友時，病友會「搣」（捏痛）護理員的手臂、打心口，睿程特別設計加長版手罩套，長度達膊頭位置，並加入硬面和塑膠保護照顧者。

有人為家人的身體輔助儀器，訂製替換腰帶；有人中風後身體變差，自覺一無是處，不斷責打自己，用好的一隻手，懲罰另一隻不好的手，讓傷口發紅、流血。「我們為她做了一件特別的外套，內夾棉和膠片，避免她傷害自己。」有人手術後，身體留有造口，養病期間需要卧床或半邊身中風，需要製作造口保護衣，避免動作弄痛傷口，製作這種肚箍通常要來回幾次實驗，試用及改良物料和開合位。「有緣的話，即使全香港只有一位這樣的客人，我們都會盡量做。」

回應生活挑戰的智慧和工具

生活挑戰包羅萬有，除了聆聽照顧者的需要，睿程工作室每天都在累積經驗，忙着尋找坊間各種不同物料、配件，如魔術

貼。Kadri 外表打扮中性，說話總是溫婉、耐心。「小小事都可以講畀我聽，睇吓我們可唔可以幫到你？」

每次設計前的傾談時段，是一個漫長的過程，在照顧者描畫的故事中，尋找生活細節和習慣：「照顧者總是匆忙、生活忙亂，要『咋咋臨』交代事件，又要和緩他們的緊張情緒，過程中好多話要說，跟我們平日去成衣店，揀衫試身付費的過程，是不一樣的。」

然而，照顧者未必完全清楚家人和自己需要什麼，Kadri 特別設計了「解說咕喼」，視覺化地幫照顧者理解衣物需要。她在面談錄像鏡頭前，即場示範這幾個圓形咕喼。「啪鈕，可運用於從腰頭到褲腳旁邊，方便脫褲；或選用拉鏈、特別的魔術貼，它質料如毛巾，不會刮傷手（皮膚），最適合製作睡衣，打開時無聲無息，不會驚動患者或吵到同房的人。這個展示方式適合在展覽使用，將無障礙衣物的細節，變得有趣，又能觸摸。」除此之外，還有「睿婆婆」「程伯伯」布公仔，以人形布偶形象化地示範「懶人穿衣」和魔術貼機關，解說為老人家穿衣服時不需要屈曲手腳、關節。

香港的城市生活環境也不能忽略，如衣褲機關開口位，做足左右兩邊，方便用家或照顧者在不同類型家居或院舍使用：「香港單位細，甚少三邊下床位，我們要考慮用家需要轉換院舍和照顧人員的工作靈活性。在設計時，思考衣服跟用者的不同生活里程。圍巾採用的設計也參考了出外吃飯和院舍使用場域；

每件無障礙衣服的設計都經過聆聽、構想、選布、試身等過程。（圖片提供：睿程製作社）

旗袍款是飲宴用途，恤衫款等日常款式則能夠適應院舍工業洗衣機、乾衣機。」

最重要的聯繫

好設計往往是隱藏、看不見的（Good design is invisible），默默地在日常生活中，與人共生，讓人舒適地使用。衣服是生存的必需品，提供舒適、安全生活質素，為用家帶來自信，讓製造者養家，甚至是聯繫人與人的重要設計物。

姜太於飲食圍巾工作坊教授縫製技巧。（圖片提供：睿程製作社）

「我今年三十多歲，身邊朋友的爺爺嫲嫲也開始年老，假如家中長者患上腦退化症，家人要如何處理、應對？甚麼是長者友善的家居設計？年齡無障礙設計？院舍或社區中心資料？其實香港需要更多社會教育，讓中學生和年輕人及早知道，為老齡準備。」Kadri 深感主流社會，未了解老年人的衣服需要，甚至有些社福界人士是近年才知道「無障礙服裝」。睿程近年積極與社福團體、學校聯結，參與不同公眾展覽。在「後。生」展覽辦了兩場工作坊，讓家庭成員、照顧者群組等參加製作飲食圍巾，產品亦曾在灣仔茂蘿街 7 號 DS Shop 發售，面向更年輕的大眾客群和設計業界，增加交流和合作的機會。

姜太認為睿程除了「造衫」，更重視教育。「跟年輕人、學生

講多些，一件衫如何幫到手。日常如何觀察長者和照顧者的需要。曾經有位老人院院長跟她分享，院長問道：『點解香港咁少人知道老人家在院舍的生活狀況？因為小學常識無教！學校課程教授未來的志願或職業時，有醫生、律師，但甚少提及護理員或安老行業。』未來的長者照護服務需求，只會愈來愈大，假如我有一百二十歲，即人生晚年將有超過四十年時間要住在老人院的話，現在就要積極地為未來老齡生活做好準備，為自己和未來的照顧者考慮。」

「社福界提及老人家福祉，總離不開醫療、尿片，最後才提到衣服。我們的設計能夠帶給長者和身障人士舒適和關護，亦保護照護者。當人人能夠安定心神，自然有時間陪伴長者，一起做些快樂的事情，和諧地吃橙、看電視，共渡時光。一件衫，可以影響家人的未來福祉。」

● 未來衣飾要共融　　不分長幼你我

「這類衣服設計得好，人人合用。曾經有攝製團隊前來拍
攝，說我們的衣物很好看，訂製背心當成多功能性時裝般
穿著。我們出品的冬季棉衣，很多照顧者買來跟媽媽一起
穿『情侶裝』。這款棉衣主要為獨居、雙老，活動能力尚
好的老人家設計，運用小設計令長者生活更簡單、舒適，
如在膊頭位置加厚保暖，板型設計修身，口袋加大，方便
裝隨身物；女裝則會做得長一些，保暖屁股位置；衣袖較
短，避免老人家處理家務、洗碗清潔時弄污衣服，或煮飯
時燒到手袖。」

軟食的
正面「老」力

05

食

THE PROJECT
FUTURUS

老後的我希望能夠
維持年輕時的進食
體驗，吃南記米線、
蝦餃燒賣、Omakase
（廚師發辦）壽司。

The Project Futurus 是一家通過教育、倡議和社區服務，推廣樂齡新生活的社企。旗下亦設吞嚥飲食資訊平台——軟餐俠，致力推廣尊嚴飲食，讓長者及吞嚥困難患者能夠重拾飲食的樂趣。

網址｜www.theprojectfuturus.com

「點解？點解？點解，要畀我食一碗咁好食的叉燒飯？我以後食唔返點算！」提起周星馳電影《食神》中的「黯然銷魂飯」，總會記得薛家燕在叉燒煎蛋飯上「碌來碌去」，為一碗「好食到塵世間無嘢可以形容」的叉燒飯感動流淚的經典港產片畫面。

The Project Futurus 的創辦人、行政總裁和軟餐俠文慧妍（Queenie Man），說這是電影中讓她最難以忘懷的說話，那滴「黯然」淚，正正是吞嚥困難人士及長者，無法進食固體食物的悲傷現實。

面對人口老齡化，樂齡社企 The Project Futurus 主張重新想像未來的樂齡生活，推廣安老創新、教育、社區服務，其中主力倡議有尊嚴軟餐飲食工作坊和文化。團隊致力運用設計元素來推動軟餐，力求從色、香、味、美等各方面入手，讓吞嚥困難人士、長者和照顧者，找到一個創新的方式面對老齡身體退化的挑戰。「食，是一件重要的事情，是個人喜好、生活回憶和體驗。從事安老服務不能將自己一套，加附在別人身上。我們

要聆聽長者的選擇和需要。希望大家對社會上不同飲食需要的人，有更多包容性。」

從一杯奶到五感大茶樓

年老像海浪一波波襲來，在照護父母過程中，我們才了解「原來這就是年華老去」。人雖然無法控制身體退化，但可以改變自己對「老」和「老齡生活」的思維。

作為安老業界的年輕工作者，Queenie 和同事 The Project Futurus 的社區關係經理黎卓穎（Willa Lai），兩人總是笑面迎人，精神奕奕。Queenie 出身自品牌創意界，Willa 修讀歷史出身，兒時志願是到博物館從事考古工作。作為年輕一輩的安老服務工作者，她們積極推動用新角度看老齡化。「老，對於大眾來說是神秘的，一般人直至家中長輩需要長期照顧，或突然入院，或患病，需要二十四小時護理，我們才會被迫面對老。老齡化卻是每個人都會經歷的人生階段，要用更生活和視覺化的方法，吸引不同年齡的人去了解。『後。生』展覽以現代化的生活角度切入，有活生生、年輕化方式展現真人故事分享，樂見愈來愈多同行者，在老齡範疇中創新。」

常言道：食得是福，在年老過程中，人會經歷不同程度的身體機能退化。有些老人家開始牙齒脫落、咀嚼困難，有些後來才有吞嚥困難，或患上腦神經病變，如腦退化症、柏金遜症、中風，影響吞嚥能力，再嚴重的狀況則要用鼻管餵食。

「我們發現社福界院舍有很多吞嚥困難的老人家,卻面對資源、廚師人手不足問題。面對未來人口老化,首先要從飲食打好基礎。為照顧者提供支援,當家人經歷飲食困難時,可以透過不同資源幫忙。」舊時老人家較習慣粗茶淡飯,照顧者往往以營養健康、傳統醫療主導方式安排長者晚期飲食。一杯奶、一個包只是生存基本;無法咀嚼和吞嚥的人,甚至只能吃攪成漿狀的糊餐(肉菜飯一併攪爛成糊狀的形態)、撕成細絲的湯飯、肉糜(請自行想像拔牙後的無質感膳食)。

「食,並不只是基本需要。在馬斯洛需求理論(Maslow's Hierarchy of Needs)[1]金字塔中,食和空氣,都是生存基本,飲食過程有社交、樂趣,為身體製造快樂的荷爾蒙。食在老齡化階段,是最直接影響生活質素、身體機能、社交、心理健康。」很多人認為,時間和人生是一直線。實際上卻是亞里斯多德稱為的「變動」(kineseis),如有人會年少離世、跑不完馬拉松等,因此每個人經歷老齡化過程都不一樣。重要的是過程中每個瞬間都是完整、能夠「實現」(energia),如跳舞時每刻都是快樂地活在當下。

對於食,人人各有喜好和選擇,透過軟餐平台,用視覺和體驗方式,創造正面的老齡生活。「我們推出『流動五感大茶樓』,為腦退化症長者提供三百六十度的飲茶體驗,運用五感六覺,透過軟餐點心、視覺佈景、公雞碗、茶壺杯碟,穿上部長、知

1 美國心理學家馬斯洛(Abraham Maslow)的需求層次理論(Hierarchy of Needs),於 1943 年《心理學評論》論文〈人類動機的理論〉(A Theory of Human Motivation)中所提出的理論。透過「生理」、「安全」、「歸屬」與「愛」、「自尊」、「自我實現」與「自我超越」等術語,描述人類動機推移的脈絡。

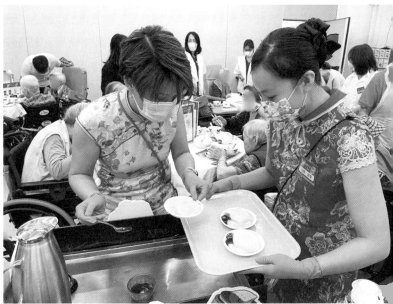

「流動五感大茶樓」為長輩提供懷舊大茶樓體驗，讓他們重拾飲茶回憶。
（圖片提供：The Project Futurus）

客、伙記服飾，將這種如『流動劇場』般的飲食體驗帶入院舍，具備互動元素，以聲音導航帶領他們進入飲食世界，正如到精緻高級餐廳用餐時，會有專人介紹、玻璃蓋冚住菜餚的儀式感，讓長者更投入主動點餐：『我想食多個珍珠雞、牛肉球。』」

培育軟食創意群

蓄短髮，笑容可掬的 Queenie，除了是 The Project Futurus 社企創辦人，更是會戴假髮、穿上英雄服裝的「軟餐俠」，透過角色扮演以影片、漫畫等鮮明形式，介紹不同類型的軟餐、介護食和相關食具。「日本、英國、歐洲等外國地區，多年來推行照護食（care food / texture modified food），在不同文化、國家各有不同形式的食物文化，我們採用的日本版本，最接近亞洲人飲食習慣和口味，以熱食為主。因為每個人的吞嚥困難程度都不一樣，需要有專業醫護評估。」

來自品牌推廣背景的她，積極運用創意和設計力量嘗試打破社會和安老行業的固有框框。「社會正在改變，特別是老齡人口中的第三齡——黃金一代，他們具備學識、懂生活、追求質素，而且消費能力高。要帶來新改變，首要將『老齡』活化、年輕化，透過品牌設計和視覺化的溝通方式，聯繫不同年齡群，讓更廣泛的市民知道議題。除了設計，還要在社區落實服務。」

叉雞飯軟餐（圖片提供：The Project Futurus）

吞嚥困難並不是病，是不同原因引起飲食或吞嚥出現困難的情況。除了品牌設計，軟餐俠平台的食物，具備設計元素，讓食者重新品嚐吃的樂趣。透過開辦工作坊讓照顧者、廚師、語言治療師等學習製作不同質感食物的方法，還有專門熱線和軟餐俠聯盟，分享軟餐資訊和建立群組。「首先軟餐要吸引人，從形態、香氣、呈現方式入手，透過製作精緻形狀，製作近似原本食物模樣，例如燒賣軟餐，會將真燒賣打成軟滑、柔弱的慕絲感，透過擺盤等方式呈現。最重要是本地元素，廣東菜式魚香茄子、叉燒飯等，我們製作的第一道菜叫『黯然叉燒飯銷魂餐』，讓吞嚥困難的朋友，可以從視覺提升食慾。」

上：Queenie 在中秋節時，拍攝「月餅軟餐」教學影片，讓大眾了解軟餐的製作技巧。

下：「軟餐俠」舉辦軟餐學堂，向照顧者、NGO 同工、專業人士、學生、青年、公眾講解軟餐，以及吞嚥困難的資訊。

（圖片提供：The Project Futurus）

The Project Futurus 公司規模小，團隊有五個人，有軟餐師傅擔任顧問工作，負責製作軟餐到會、出餐到院舍；有軟餐導師，專門教廚師、照顧者（疫情前）。包括 Queenie 在內，人人身兼數職，包攬教學、客戶支援、熱線運作，建立軟餐平台的網站內容等工作；Willa 則負責社區倡議工作，將飲食結合學校的 STEM 課程，去學校講老齡化和老齡創新，如透過食物拉近學生與老齡化的距離，改變長者問題和軟食的負面形象，令年輕人關心長者和吞嚥困難的朋友，提升同理心。

軟餐班則是更近距離地與照顧者互動、交流，讓他們分享自己的故事，在線上平台連結照顧者和護理專業，分享食譜、文章，成為彼此的支援小組。「長者隨着年老出現營養流失、日漸消瘦；剛經歷大手術或中風後出院，令胃口全失等狀況，為了讓家人得到均衡營養，照顧者每日要負責一日三餐甚至四餐，壓力大。學員對課程回應積極，更願意嘗試新菜式，例如有吞嚥困難患者，用軟餐酵素技術製作心形牛扒、葡國雞飯；在軟餐俠料理分享比賽中，更出現上海小菜軟餐，有鎮江肴肉、擔擔麵、小籠包等，每樣都製作精美。看到他們學以致用，運用軟餐製作的技巧，在自己或家人身上，讓我們團隊深感欣慰。」

軟食在香港的情況，反映出現時院舍內的老人家，對於他們想吃的食物沒有自主權。因為安老服務大部分是醫學主導，並不如設計般聆聽用家需要。社企的目標是大家一起做，老齡化不只是身體改變，還有人生階段各種轉變，無論是年輕人或大

「軟餐俠」參加樂齡科技博覽暨高峰會展覽，2020 年以「海鮮珍寶舫」設計的海鮮軟餐。（圖片提供：The Project Futurus）

眾，需要代入老年人的角度，建立共感和同理心。

推動年齡友善飲食

軟餐在香港，從數年前無人認識，到近年的正面社會迴響，如政府增設軟餐資助，讓院舍購買或在機構內製作軟餐，最近新聞報道有燒味店老闆，想為長者顧客提供軟餐版本的燒雞、燒鵝。倡議軟餐的老齡創新，一路走來，絕不容易。香港距離軟餐普及化，還有多少工作要做？

面對未來老齡人口達總人口的五分一，Queenie 滿腦袋新點子，首先是飲食業界，推動餐廳提供年齡友善菜單（Age-Friendly Menu），讓未來老齡人口如素食、環保人士般，外食時有更多菜單選擇。「我們去過日本、芬蘭、丹麥參觀他們的老齡生活地方。相對來說，在食的方面，香港社會有很多東西要推動，例如對老年人飲食習慣更多包容性，現時飲食服務業，缺少年齡友善菜單，我們聽過很多照顧者分享，每次帶有吞嚥困難的奶奶出街，要特地準備無線 USB 攪拌機，即場把點心攪成碎糊狀。想老少食得開心，其實好簡單，餐廳只需要為同一個菜式，煮得軟腍些，或提供嫩滑的食物，即可以為食客提供多元化的選擇，讓一家人同桌同餐；或者改進茶餐廳菜單，增加軟滑質感的食物。」

除了菜單，還有飲食空間和習慣。Willa 提醒餐廳空間和用餐體驗，也是生活質素的重要一環，她以父親經歷為例子分享。

「香港飲食文化聞名於世，其實食飯時間非常急促，午餐時段通常約一小時，大部分人選擇用十五至二十分鐘完食，餐廳為了爭取翻桌機會，你未食完飯，夥計已提早抹枱，大家可以想像在這麼急促的地方，老人家如何好好地進食？其實很多老人家外出食飯都有不愉快經歷或被不禮貌對待。加上近年疫情關係，很多餐廳改用 QR code 電子下單，對於不熟悉科技或患有老花、眼疾的老人家，都是生活上的挑戰。有時長者因為不熟悉智能電話操作被餐廳職員責備：阿叔你咁都唔識呀？言語間讓長者感到不被尊重，心靈受創傷。」香港餐廳空間普遍狹窄，不利於需要使用輪椅或四腳助行架的長者，影響他們出街吃飯的意願。總的來說，期望未來飲食空間、服務人員對長者顧客提高接受度，都需要多些靈活性。

包容飲食需要的文化和決心

聽一首歌，會想起不同的人生片段；回憶，跟食也有密不可分的關係。問 The Project Futurus 二人，如何想像老後的生活。Queenie 心頭一暖，憶起小時候媽媽焗製的椰絲蛋糕：「是那香濃的牛油味、chewy（耐嚼）的椰絲咬感！假如人要活到一百二十歲，除了積蓄外，還要目送身邊至愛、朋友離世，老後的我希望能夠維持年輕時的進食體驗，吃南記米線、蝦餃燒賣、Omakase（廚師發辦）壽司，到時應該有新的科學技術，幫忙防止吞嚥能力退化？最重要的，是大家對不同飲食需要人士的包容性，現時技術和材料已齊全，關鍵在於大家有沒有決心做。有時在軟餐訓練班會遇上有心的廚師，分享平時如何製

作不同質感的食物，讓老人家快樂。有決心，任何困難和挑戰都可以解決。」

我很喜歡《積存時間的生活》書中的一對高齡日本夫婦津端修一和英子，這對夫婦愈老，人生愈美麗，天天運用創意實踐晚年好生活。英子懂得煮食養生，退休前是建築師和大學教授的修一則活潑好動，他的名言是「如果人生的尾巴是青春就好了。」其實我們身邊也有很多活得精彩的長輩，也是最佳的榜樣：他們有健康、積極的生活習慣，如 Queenie 分享她媽媽的精彩生活：「我媽媽今年六十七歲，每天上班工作，約朋友學習威士忌，練習拉丁舞，更曾到英國黑池（Blackpool）參加國際拉丁舞比賽。媽媽持續積極地活着（Active Lifestyle），追求理想生活態度。這代的五、六十歲長者人生過得精彩，讓大家重新思考老是怎麼一回事。時代轉變，消費者也在變，無論是商業、社創、社區服務，都要隨着時代創新。」

● 介護食普及化

日本人口老化速度高居世界之冠，其高齡福祉市場發展
成熟。日本介護食品協議會提出通用設計食品（Universal
Design Food）將不同硬度、黏稠度、攝食難易度的食物分
成四級（牙齒易咬碎類、牙齦可壓碎類、舌頭可壓碎類、
不需咀嚼類），讓業界廠商訂製包裝標章。甚至有餐廳與
醫院、藥廠合作，推出適合吞嚥困難人士的全套菜單，
供應予快餐店、法國餐廳等，讓長者與家人同桌吃飯。
Queenie 推介日本的介護食和安老服務作參考。

「一份在 2021 年發布有關日本人口老化的研究報告指出，
六十五歲或以上人士已達總人口的 29%；他們的長者介護
食可以在超級市場購買，通常放在嬰兒食品貨架旁邊。普

遍得似外賣快餐般 grab-and-go（外賣即走），食物有不同軟硬程度，以標章標明，質感說明簡單易讀，方便讓家人自行選購，不一定要醫護介入。面對嚴重人口老化、勞動力下降，日本安老服務做得很好的地方，除了介護食，還有長期介護保險、價錢合宜的安老服務、護理工具租賃服務，我期待香港未來的介護食普及化，不論是即食介護食、急凍軟餐，都可以在超市或自動販賣機有售，隨時隨地買到。

在疫情過後，我們需要重新思考安老服務，未來會用一個甚麼方向、方法營運？」

I eat when I want to, I rest when I want to, I use the bathroom when I want to, I travel when I want to, I am 80 and thriving
control panel
bidet

06

日日活得好的設計原力

STUDIO DOOZY

住

老年優質生活除了要食得好，著得好，住得好；還要考量甚麼是『齡活』和『共融』，活得自主且有尊嚴。

Studio Doozy 是一間專注健康護理和生活產品設計、顧問服務的設計工作室，由設計師鄧曉瑩與 Joan Calduch 於 2018 年創立。服務包括用者體驗工作坊、產品設計、設計工程學和 UI/UX，設計過程採納由用者出發的模式，重視生活質素、健康和無差別的共融性，讓不同年齡、身體需要的人士能夠使用產品。

網址 | www.studiodoozy.com

中國諺語有一句：「家有一老，如有一寶」，喻意老年人珍貴之處在於他們的世故，擁有豐富的人生歷練，帶來值得下一代學習的生活智慧。

在設計學中，這種活用老年人生活智慧的思維，包括城市規劃的通用設計，在環境、實用性和心理層面，提倡長幼共融思維的和合設計（Inclusive Design）。在日常生活物件如家具、生活科技品、衛浴等方面，照顧不同人士的需要，使人人能夠獨立、自理生活。

創辦 Studio Doozy 的工業設計師鄧曉瑩（Emily Tang）和設計工程師 Joan Calduch Ferran，致力研發共融的健康生活產品（health care & lifestyle）。工作室取名 Doozy，意指「獨一無二」，她認為老齡不一定是負面、慘痛，生活應該充滿色彩和可能性。他們設計的產品，名字個個活潑、正面，包括共融座廁「Violet」、衛浴系統「Blu」、行動裝置「Go Active」等。「老

年優質生活除了要食得好，着得好，住得好；還要考量甚麼是
『齡活』和『共融』，活得自主且有尊嚴。」

共融廁所，六年研發史

時下年輕藝文男女，個個心繫手沖咖啡、製作手工文青產品或
開小店；這位二十多歲的年輕設計師，為何對老齡生活產品感
興趣？決意創業自組公司，為老齡生活設計共融的健康產品，
源頭來自她至親的家人。

「我從小到大跟父母、祖父母三代同住生活。對產品設計的興
趣，來自媽媽工作的玩具廠，在耳濡目染下自小培養出對物件
的興趣；關注老齡和健康生活（health care）產品，則是來自
家中長者患病後的照顧體驗。我親身目睹老人家從體格健康、
精神自主、『乜都做到』的狀態，到患病後慢慢變弱變壞，公
公婆婆、爺爺嫲嫲他們分別要面對關節炎、癌病和柏金遜症帶
來的影響，生活上需要多方面的支援。在照顧過程中，我發現
他們最不想別人幫忙的，是『去廁所』——這個日常中最私人
的時刻。如廁時，要人睇住、幫忙，又或者是在外面等，過程
令人尷尬、失去尊嚴。」

「老齡產品」這個名稱，總讓人聯想起拐杖、助行器、浴椅、
扶手、輪椅、廁所板、成人尿片等產品。這些在醫療產品店販
賣的產品，主要針對防跌、保障長者家居安全，卻忘記了用者
的感受，容易讓長者萌生「又老又病」的負面形象，使大部分

人都「抗拒使用」。為甚麼市面上的老齡產品，總是標榜專給長者使用？假如家中的每件家具、物品都具備共融或無障礙的設計元素，並適合不同年齡的人士使用，是不是讓長者感受好些？

Emily 在香港理工大學設計學院修讀工業產品設計期間，嘗試運用畢業作品回應以上的問題。她為患上柏金遜症的爺爺設計專用馬桶「Libue」，希望透過騎坐動作，讓用者在不需要轉身的情況下如廁。這件畢業作品獲得 James Dyson Award 香港區冠軍及 DFA 香港青年設計才俊獎，得到不同意見、回應後，她直言作品還有改善的空間。「有一位柏金遜症患者跟我說，騎坐姿勢改變了他從小到大的如廁習慣，令人更抗拒使用。回看當時還是設計學生的自己，剛修讀了三年課程，缺乏經驗和能力。志願從事健康生活產品與和合設計，卻力有不逮，這件作品並沒有考慮用者的使用習慣，違背理念。於是，我下決心要好好工作學習，為自己裝備不同類型的設計知識，累積經驗。」大學畢業後，Emily 先後在一家小型初創公司和西班牙巴塞羅納衛浴潔具品牌 Roca[1]（樂家衛浴）任職設計師，透過不同項目全面學習衛浴潔具設計、生產、科技工程和經營品牌方面的知識。「在 Roca 雖然只有短短一年時間，工作單位卻是創新衛廁科技部（Advanced Toilet Technology Department），加深對馬桶廁所設計、生產基本知識，掌握衛浴潔具物料、廠家、科技等。最大的得着，是學懂工程學的技

1　西班牙衛浴潔具品牌 Roca 由樂家兄弟於 1917 年創立，銷售網絡遍布全球一百三十五個市場，生產工廠多達七十八家。品牌將設計技術和概念注入不同領域的產品。

Studio Doozy 團隊成員來自產品設計、UX 體驗等專業。（圖片提供：The Bards Limited）

術、知識，讓我能夠從工業設計知識層面，提升智能工程科技部分，令 Studio Doozy 能夠一手包辦產品工程科技的部分。」

2018 年從西班牙回香港，Emily 與擁有設計、動畫設計、軟件工程背景的拍檔 Joan 成立 Studio Doozy，第一件自家研發的共融衞浴系列設計是 Libue2.0 的「Doozy Violet」，還有「Blu」。「這系列主要針對浴室、廁所的生活空間研發，透過不同類型的共創工作坊（co-creation workshop），觀察、聆聽和找出用者的『痛點』。」

共融衞廁系列:「Violet」的產品設計原型進化,從右邊的「科學怪人」般
實驗原型到左邊白色的最終版本。(圖片提供:The Bards Limited)

「Violet」的外觀與正常沖水馬桶廁所相近，具備三種類型：基本型（base）、扶手型（handle）、可旋轉廁板型（bench），方便長者、輪椅用者使用，同時還有智能科技數據，關注用家的環境、心理需要和實用功能。「香港居住單位小，家用浴廁空間淺窄，設計時必需要慳位、容易安裝。當產品愈簡單，愈貼近日常生活使用的模樣，用者（長者）愈容易接受。他們使用『Violet』時，身體不用轉動太多，就可以如廁。」

共創的意義：沒有他們，就不會有這些產品

創新不一定是標奇立異，反而要聆聽。團隊在過去三年期間，透過擔任義工、舉辦共創工作坊，向不同專家和用家收集意見和見解。「我們會跟醫生、護士、職業治療師、照顧者等進行訪問，了解他們對老年生活需要的看法，他們大多數有精闢見解；例如在研發可旋轉廁板時，提醒要加鎖掣、防止廁板跌出；其中一位職業治療師提議我們讓輪椅人士試用，成為了現在的設計版本之一。」

「與長者共創，則需要長時間培養他們的信任。衞浴產品涉及個人生活習慣等議題，大部分長者都不想跟你談論沖涼、如廁等話題。我們透過長期做義工的方式，跟他們交朋友，透過幫忙、慢慢建立關係，如做義工時用隨行觀察（shadowing）設計研究方式觀察獨居長者的日常生活。過程中，發現切入點再轉化成為工作坊題目與他們討論。」共融衞浴產品「Blu」的設計靈感，就是來自這些共創工作坊的對話。設計師發現很多

長者浴室都有浴椅，方便他們洗澡，卻無法清洗背部、頭部、下身等部位，這個改裝式的設計正是針對他們的需要產生。

「這班長者是我們重要的共創伙伴，沒有他們，就不會有這些產品；因為我們都未老，無法想像老齡面對的挑戰和困難；即使是細微的地方，都需要他們的意見。」設計不只是關於設計師一個人，而是需要團隊和社區共同合創而成。

共創設計過程，同樣應用工作室的其他項目和顧問案子中。電子系統介面「Go Active」，是為香港聖公會麥理浩夫人中心設計，讓六十歲或以上用家透過手機應用程式平台報名。中心安排了十位長者，跟設計團隊每隔兩個月進行共創設計，讓大

「Violet」用家體驗工作坊讓長者試用新原型，收集意見。（圖片提供：Studio Doozy）

運用共創設計的方案，為六十歲以上用家設計長者友善活動電子平台系統介面「Go Active」。（www.goactive.hk）（圖片提供：Studio Doozy）

家更了解長者使用智能電子產品的習慣：「他們大部分都有智能手機，熟用 WhatsApp、emoji，對於介面視覺元素應用習慣、顏色喜好，都讓我們了解更多長者的使用模式。」

讓挑戰成為你的原動力

業界談生活設計品時，講究美學風格、簡約主義、數碼科技；對於 Studio Doozy 來說，最大的挑戰在於如何令業界、用家接受共融設計。在 2021 年樂齡科技展中，他們首次擺攤位展示試模，收到很多來自業界、長者的意見。

「相比起外國樂齡衞浴科技產品，我們注重通用性，產品容易在細單位安裝，不用電和水喉，同時了解市場對價錢的接受度，希望可以爭取到合宜的價錢推出。衞浴設計需要長時間的研發和投資開發，作為一家初創公司，我們起初希望設計出一套長遠完整的系統，讓產品從發展商開始使用，家用可以根據需要調整；後來發展商都說用部件、改裝式設計更好，但為了未來用家的需要，我們在產品上保留可延續的設計，因為不同世代的老齡用者，將會有不同的需要，必須放更長線的眼光準備，有一天當我們父母輩，或我們這代人都變老時，生活所需要的東西將會不同。」

作為年輕設計師，在老齡產品業界工作了六年，團隊感受最深

在「Go Active」共創工作坊中，設計師透過用者體驗角度，與長者一起構思未來電子平台的新方案。(圖片提供：Studio Doozy)

的是長者和年輕兩代人對老年、老齡市場的看法：「從事老齡健康生活產品，不要從賺錢角度來看。我們設計的原動力，是真心為了解決和關注問題而投入，無論是親身一手經驗，或透過共創的二手體驗也好，名利、金錢絕對無法支持你繼續做下去。我們現階段還在努力中，目的是為了這班與我們一起共創的長者，好想為他們設計產品；同時，也是為了未來將要成為老年人的自己，繼續保持身體健康，食得好，著得好，住得好，自主生活。」

● 給未來老年人的話：

「對於老齡設計，我是從一個人的角度出發，而不是設計師。我想像未來的自己，會成為一個怎樣的老人？老得好（ageing better）的意義是甚麼？對於我來說，老得好的關鍵在於心態，你如何看待老年生活；日日怨天尤人？還是積極學習、參與生活、幫忙其他人，持續地日日做好，活好（being better）？我覺得這種具有行動力，去做好每一件事的動力是非常重要的。

我最近在網上看了一段短片，內容關於一位九十歲婆婆，她在台上演講分享說，坊間有許許多多的老年問題，對她來說，全部都不是問題，因為她會積極思考如何解決、應對，如手中使用的是自己設計的拐杖！她天天都想活得好些，再好些。

將來我老了，我也要成為一個像她般積極、向上的九十歲婆婆。

現在的我，要透過與長者共創的工作坊為老齡設計，到我變老之後，親身體會老齡後，我希望可以繼續設計更好的產品，幫到大家的產品設計。」

● 你會為未來的自己設計甚麼？

「我會為未來的自己設計更好的尿片，年輕如我，現在已經有時常跑到廁所小便的生理需要。可是，我完全不想用市面上的成人尿片（我想大部分人都不想穿）。因此，我很想設計人人都樂意使用的成人尿片。」

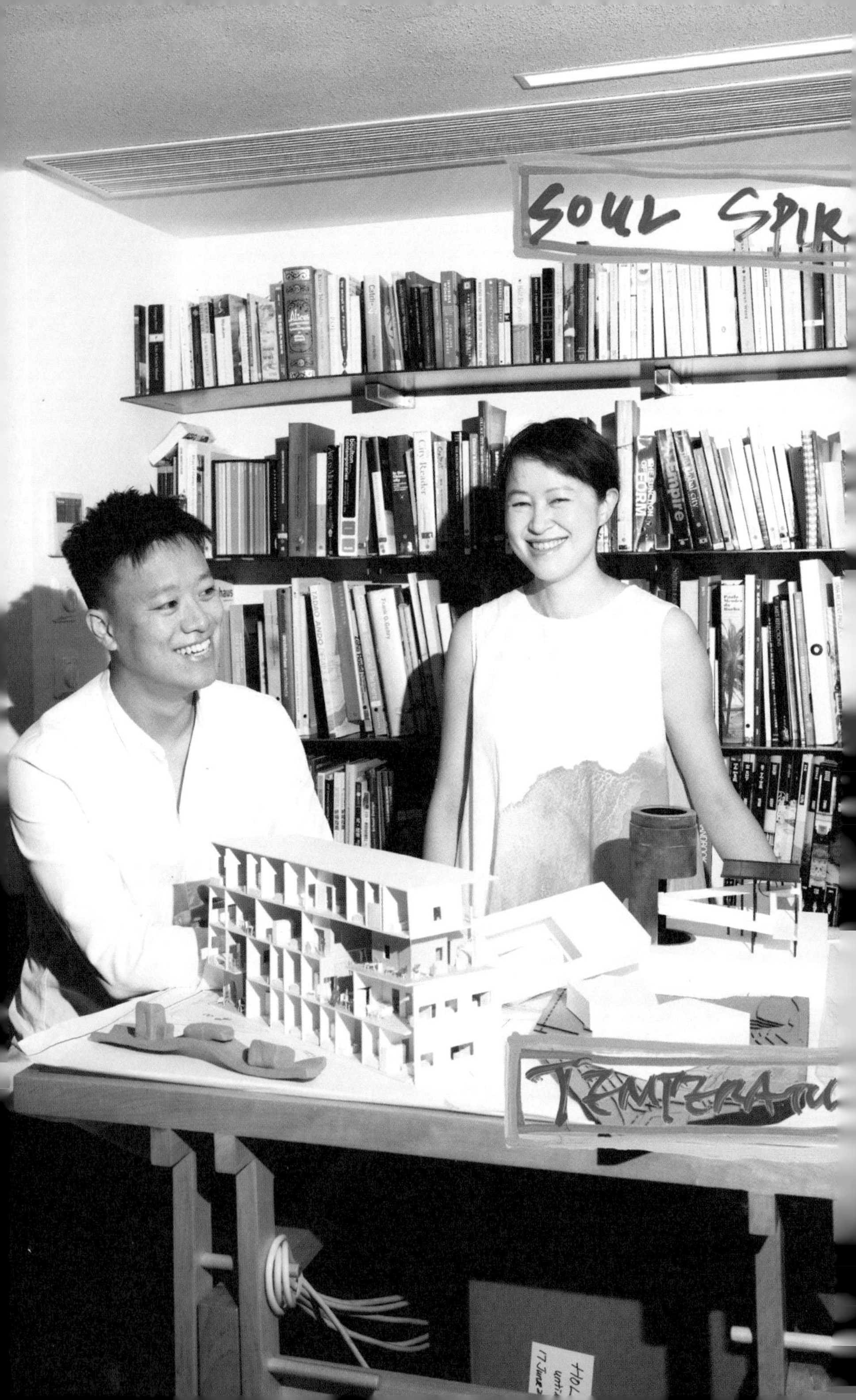
SOUL

07

安老好空間

EUREKA

注重光、空氣、空間，與周圍環境的關聯，鼓勵多元化的交流，拉近人與人、人與空間之間的距離。

香港建築工作室 Eureka 於 2011 年成立，創辦人是建築師朱珮汶（Annette Chu）。工作室的設計宗旨是透過建築、空間設計創造多層面的體驗。建築不只是注重視覺化表現，而是一個機遇，將不同資源匯集、演繹成為新價值。透過家、學校、社會的空間，建造「共同性」和人與人之間的正面關係。讓有意思的空間，改變人們的生活行為。

網址 | www.eurekadesign.hk

提起香港的護老院或老人居住空間，
大家腦中的畫面是舊唐樓、公屋，還
是許鞍華電影《桃姐》中設備簡陋的
安老院？

我們嘗試從空間設計角度，談長者居住空間。在眾多設計案例
中，來自建築工作室 Eureka 的作品，有仁濟醫院賽馬會護理
安老院、唐樓翻新的住屋、從電影《七十二家房客》取得靈感
的社區公寓等。在創辦人朱珮汶（Annette Chu）帶領的設計
中，每個室內設計空間都恰如其分。從建築物、空間規劃、家
具設計，到未來高齡城市想像，Eureka 帶來一種對人與空間
關係的新想像，對安老院、唐樓、共居住宅和居家細節，有深
刻的思考和延伸生活的可能性。

安老院設計類型學

Eureka 工作室以項目和自發研究案子為主，項目類型有

學校、團體、非牟利機構、公共空間等，創辦人暨建築師 Annette，先分享她對「老」，這個字的理解。「我們不是特別集中做老人院舍項目，工作室的理念是注重人與空間的交流關係、故事，如何在空間中產生凝聚力。第一次接觸老人院類型設計，是香港理工大學介紹我們與博愛醫院合作的前期策劃申請工作。對於『Old』（老），在英文字典中有兩個解釋：一、no longer young, belonging to the past（不再年輕，屬於過去）：這個『老』的意思會影響我們對待事物的態度和思維。這種將人和事標籤、劃一化，連結某種價值，對於設計師來說，是一件很危險的事，也是我們第一個反思的地方。二、lived for a long time（活着久遠）：我們以動詞來思考『老』這個字，它代表『活着』，需要尊重。作為設計師，我們視長者作項目（內容）的一分子，他們有故事，能夠豐富整體設計。形容長者與空間的關係時，我們盡量避免用『being taken care』（被照顧）等字詞，因為『being taken care』是施與受（give and receive）的意思，長者變成被動的角色，接受照顧者單方面的付出；相對『respect』（尊重）能夠帶來互動，即使年老，身體需要被照顧，我們希望以一個『尊重』的形式思考這個議題。」

安老院的設計，能夠從建築類型學的角度來思考和討論長者的居住空間嗎？翻查香港特區政府的安老服務資料，香港長者居於安老院的比例，屬世界首屈一指。以現時約一百四十五萬名六十五歲或以上的香港居民人口來說，住在各類安老院舍的長者約有五點九萬人。原因包括香港居住環境普遍細小，不利居

家安老，或長者大多居於舊建築物，空間設計未能達至長者友善、無障礙標準。安老院服務給大眾的印象，大多是負面，空間擠擁，衛生環境差，死氣沉沉。

相對起來，Eureka 工作室負責設計的仁濟醫院賽馬會護理安老院，屬於條件較優厚的例子，每位住客可佔有空間較多，有機會嘗試新的設計可能。香港的安老院管制嚴謹，由社會福利署的《安老院條例》發牌制度和守則規範定立分類級別，各級別可以申請不同資助。現行安老院住客法定最低人均樓面面積為六點五平方米（約三張單人床面積總和）。這個典型的六點五平方米最低人均樓面面積，包括床位間距、洗手間。從空間角度看，是指一個老人家需要被照顧（被指派）的生活空間，睡覺及活動在床上，沖涼在浴室，其他社交活動則在公共空間進行。

Annette 先從空間規範的設計思維說起：「在設計前，先跳出『安老院』和『被照顧』的思維。除了營運、牌照、格式等規範，更要嘗試以人性化的設計，加入有溫度的元素，讓安老院的居住環境變得不一樣。」

老人家的生活空間。

安老院也算是一個小社區，有住客、清潔員、社工、訪客、探望住客的家人。設計仁濟安老院的空間時，Eureka 團隊着重思考住客如何在空間內建立鄰里關係。團隊的設計師張耀

（圖片提供：Eureka）

文（Timothy Cheung）介紹當中的細節：「以面積來說，仁濟安老院有兩層，每層各住三十人，每人的最低人均樓面面積約是二十至二十二平方米，有食飯、社交、伸展、專做治療的空間，嘗試做到似『家』的感覺的室內空間。」

Annette 眼見外國對長者和安老院的態度，跟香港大不同。「我們希望香港的華人社會，對安老院的思維可以走前一點。按政府要求規劃大型新屋苑時，必須有老人院、幼稚園、學校等公共建設，有同事曾經見過一些屋苑的設計將安老院放到整個發展區域的偏遠位置，再種植一堆樹遮掩，生怕影響其他住

左、右：護老院的室內設計採用木材和天然光，營造溫暖的感覺，更有魚菜共生裝置，增添生氣。（圖片提供：Eureka）

客和樓價。這是何來的思維？我們希望這個安老院項目可以嘗試改變少少，讓住客可以有型、又住得好。」

這個項目的機構仁濟醫院及賽馬會態度開明，將院舍人數降低，釋出空間營造舒適的生活質素。設計初期，Eureka 以小社區的設計概念作為基礎，想像每位住客的房間為「小屋」，飯廳、偏廳、物理治療區等則是小社區中的公共空間。在每個

　　小屋的入口特別加入了門廊設計，門廊不但可以幫助長者分辨不同的小屋，更提供了一個半私人的小地方，就像小屋的前院般，讓長者坐在門前自在地跟人聊天、觀察小社區中日常發生的大小事。鼓勵長者自己決定留在房間獨處，在門廊閒聊，還是出外跟朋友們互動。

　　為了理解用家需要，設計團隊花時間與院舍用家面談。Timonthy 分享他的發現：「一般電視和床的位置，都會因應清潔姐姐和護士需要使用通道，而選置伸縮掛架由床頂懸掛使

（圖片提供：Eureka）

用，這種安裝方法雖然解決了為住客提供獨立電視機的需要，但卻失去了家的感覺。於是我們在家具設計時把電視藏在床尾櫃，並加入升降系統機關（大部分設計型格的住宅都有），讓長者不單擁有自己的娛樂設備，亦改變了典型安老院舍的固有想像，在用家的生活質素與照顧員工作中取得平衡。」

為了切合不同使用者的需要，在整個設計都加入了多元化的考慮。例如一般院舍採用私密度高的盒子式隔間設計，在仁濟安老院的空間，Eureka 工作室則在房間內提案屏風設計，營造鄰居感，讓老人家之間可以傾偈、清潔姐姐和訪客有彈性地開關使用。每位住客的床頭櫃設有燈掣，讓他們控制自己的空

間，小小的改變，帶來自主性和被尊重的感受。

「為了將自然光帶進室內空間，我們更大膽地將二、三樓的原有窗位全部改成從底至頂的落地玻璃，引進大量自然光，讓人倍感舒適。玻璃外是綠油油的賽馬會德華公園，有些床位更可以見到樹木，讓住客感受到與外面世界的聯結，而不是被隔絕在院舍內。這種具透明度的空間處理，亦為機構重新定位，大方地讓外面的人能觀看院舍活動，達至相輔相成的正面效果。落成後深受家人歡迎，經常與長者們坐在落地玻璃旁邊，享受太陽、觀看公園、討論日常。空間與人的精神健康關係密切，自然光、開放式的空間，跟屋村黑漆漆的長走廊相比，可以提升居住的質素，同時對長者的精神健康帶來正面的影響。」

（圖片提供：Eureka）

說空間規劃，還有院舍的房型：「一般院舍最常見的房型是六人或八人房，但這種房間佈局會讓房間太深，加上用家需求不同，有些人喜歡自己一個；或是一對夫婦，有些人又想四人、六人。因此院舍除了有四人以上房型，亦加入單人、雙人房等較細房型。房型類別多元化，有助業務發展。」

為了平衡住家風格的空間和長者友善配置，空間的轉角及高位置則採用了大量弧形線條，帶來柔和感，減少安裝額外的護角裝置。房間大門設計除了以趟門取代拉門，避免開門的方向和安全問題外，趟門與整體空間容易產生視覺連繫性、連接空間統一性。Timothy 在牆身、地板和室內建材，特別選用了具備天然觸感的物料，如帶顏色的木材、砂石、水磨石等，除了讓長者能夠根據外表區分不同空間外，亦能透過各種物料獨特的紋理為用家帶來多元化的觸感。Eureka 團隊更隨仁濟出差到日本參觀銀齡博覽會，搜尋更具前瞻性的設備。另外團隊在選購家具時，也會考量長者友善的細節，如設有扶手輔助步行的沙發，可以定點旋轉、方便使用的餐椅，靈活調整高度的餐桌等。

這次項目由仁濟醫院機構、賽馬會、香港理工大學與建築設計團隊通力合作、支持，嘗試新思維、營運模式。成功的話，未來也可以用於其他院舍。「大家要有一起做好這件事的心、熱誠。」其中一個與理大團隊的合作項目，利用 RFID（無線射頻辨識）技術，住客透過手帶開關床頭櫃，收藏自己的私人物件；此外，院舍每層設有兩個魚菜共生裝置，魚缸頂部的開放

設計，令長者能近距離觀賞金魚。在長者日常生活上，同時利用科技和遊戲形式儲積分，透過餵金魚、小遊戲，鼓勵住客互動，帶動院舍氣氛。「院舍落成後，我們回去時見到探訪者喜歡停留在這個空間，例如有人坐下傾偈，有人睇報紙。人需要社交，透過空間設計可以讓整個院舍成為一個社區的縮影。」

打開生活的新思維

除了安老院，Eureka 工作室還有一個正在籌備興建的跨代住宅項目「Togetherness」。這類共居計劃例子，外國有老青共住，年輕人可以為長者鄰居服務，如教老人家電腦，換取價錢較相宜的租金。「這是修會的住宅項目，目標是長者與青年共居，我們提議其中幾層讓老青住在一起。大部分人居住的高樓大廈，甚少遇見鄰居。在這個項目的空間規劃，我們提議採用高樓底大堂，居民步行回家時，會經過閱讀區，有人看報紙、做運動，甚至小教堂，可以聽到教堂傳來的音樂。此外，我們在低層做多一條路，讓住客隨心使用，看看會不會遇上其他鄰居，製造促進人與人之間交流的場景。」

去年受到香港理工大學賽馬會社會創新設計院的邀請，Eureka 為東華三院在秀茂坪的長者日間護理中心設計了一個機械人，透過設計工作坊跟老人家共創，過程給他們帶來深刻的體會：「作為建築師，我們會想像中心可以打開現有的窗戶，鼓勵長者透過自發舉辦的活動與鄰里互動；但長者提出想要機械人，如同中心吉祥物一樣。於是，我們開始思考機械人『東仔』的

「Togetherness」跨代住宅項目靈感來自電影《七十二家房客》，在初期模型中展現關注鄰里關係的設計想法。（圖片提供：Eureka）

性格、形象，說話方式。最終聯同機械人公司，製作了一個說話像小孩子般的機械人，東仔面對同一條問題，可以不厭其煩、笑瞇瞇地回答，十次如一，不只逗得公公婆婆們樂滋滋，更幫輕照顧員的工作。」

在 Eureka，有個取名作「Superlemon」的項目。「Superlemon」是一種黃色的激酸檸檬糖，外層帶酸味粉，味道「耐人尋味」——酸度充滿變化和層次感，意象近似「在設計過程中發生的微妙事情」。「我們希望改變香港社會和空間帶給人冷漠的感覺，如城市建築物較注重外表，忽略當中細節。激酸檸檬糖是指我們可以從簡單的事物，跟它一齊感受、體味過程和轉變。這是我們團隊用作激發靈感、探索設計的永續項目。有時會從電影找不同題目，如《七十二家房客》，就是在跨代住宅項目『Togetherness』設計期間，感受鄰里關係的靈感來源。這是關於很多人住在一起的故事，電影中有屋與屋之間的相連小露台，讓居民與鄰居相見；住客聚腳點的水井等。這些電影片段讓我們記起在生活節奏急速的香港，當中人與人之間漸漸消失的溫度。」

我們與標籤化的距離

面對未來人口高齡化的社會，Annette 寄望社會能夠提升好設計的普及程度，美好的生活事物和空間，能夠滋潤人的身心。「記者陳伊敏撰寫了一本思考年老的著作《看見生命的火花：德國高齡社會紀行》，收錄十九個德國老齡實例，其中兩個案

例，鼓勵社會出現不同形式的東西，如書中訪問走出孤獨協會，關於德國老人透過科技相約到廣場跳舞、見面，老年也可以追求愛情和異性；其中公園裏有間玻璃屋，讓老人家學習不同興趣。」

好的設計改善生活，建築師需要保持謙遜的態度，集中思考如何提升城市和室內設計的空間質素，多從別人角度出發。例如為幼稚園設計時，思考小朋友「想如何玩耍」；做老青項目時，構思如何令他們對身邊的生活環境產生興趣。未來更需要思考的設計議題是：關顧（being care）和被照顧（being taken care）的關係。「隨着社會急速發展，未來只會有更多的老建築、老社區。我同意未來社會需要像『公園有間玻璃屋』這類沒有標籤性的項目，簡單地將平常所見所用重新規劃，運用科技將年齡界線移除，將不同階段的人連繫，共享資源。空間設計上可以變得更中性，回到基本：注重光、空氣、空間，與周圍環境的關聯，鼓勵多元化的交流，拉近人與人、人與空間之間的距離，使人們的關係變得更加共融。」

Timothy 同意空間和建築需要「去標籤化」，讓人無障礙地溝通和相處，達致真誠、平等狀態，透過設計讓彼此互相欣賞。「不論是仁濟安老院、學校還是唐樓翻新，我們嘗試運用建築空間和背後故事，讓用家發揮、發掘生活，特別是長幼共融空間，不能被標籤化、定型。例如：單位住客今天是老人家，明天可能是後生仔，用者流轉交替，生生不息，就是人與空間不停地轉變的狀態。」

未來想像，往往來自身邊最親近的人，Annette 憶起她的外婆說：「我時常想起外婆，她在七十多歲離世前，一直是全家最活躍的成員！從未上過學校的她，透過閱讀聖經、報紙，自學識字和各種知識。每到農曆新年更會送自製食物和親自種花給家中六、七個兒女。我希望自己可以像婆婆一樣，在生命中堅持不懈地做自己想做的事、關愛身邊的人。同時跟別人分享，希望未來能夠參與設計更多不同想法和類型的空間設計，方便不同年齡、身體能力的人士使用。」

我們一天一天地成長，年年月月地經歷年老，需要思考人生的故事，為未來的人留下甚麼。人與建築同樣潛藏未知的可能性，尚待發掘。

SIDE

● 建築中的 New Old 思考

Eureka 工作室的唐樓翻新項目，從早年的差館上街到位於卑利街的飄雅活藝（Crafts On Peel）舊建築，讓團隊對「Old」（老／舊）產生不同的看法，從前會想如何為舊建築翻新，帶來一個新外貌，現在翻新（renovation）對 Annette 來說，是連結歷史和未來新可能的手法。保育和創新同時共存共生在空間中。「飄雅活藝的設計過程，是通過在內部拆除後留下的痕跡與老建築的對話，把既有的設計概念與歷史融合。其中我們把碎掉的舊有紅磚重塑成水磨石牆、將新建閣樓的鋼結構與原閣樓的痕跡重疊、鞏固原有紅磚牆的窗框變成新的展示架。在人與建築之間，延續本來在地下一直經營的老麵舖。這些應該就是設計者與老建築的對話。」

STORY

Make Your Life Better
Simple. Easy. Convenient
BNET-TECH
STICK
樂齡科技
「優杖

08

暖心的老齡科技

必靈科技

行

> 我們要改善用家使用拐杖的自卑心，透過嚴駁科技產品能力，提升長者的優越感，使用時便不會感到不好意思或者難看。

必靈科技是香港科技園 Incu-Tech 計劃下的創新型初創企業之一，成立於 2016 年，由梁渭聲和林鴻傑創辦。公司於 2020 年將自主研發的創新產品「智能手杖——優杖」推出市場，以簡單、方便和便捷為公司產品和服務的三個標準要求。

網址 | www.bnet-tech.com

「To be, or not to be」「是生，還是死？」是莎士比亞四十悲劇之首《哈姆雷特》的開場白，讓人思考「人在逆境中的生存狀態」。

「To cane or not to cane」，「用拐杖（我已變老），還是不用拐杖（我還健壯）？」對於年紀大因肌肉關節老化、疾病如中風等而行走不便的老年人和護老者也是一大生活學問。「拐杖」是最普遍和常見的晚年健康日常生活輔助用具，香港本地創科社企必靈科技（BNET-TECH），由玩具工程師研發的智能手杖——「優杖」（STICKu）結合科技、產品設計，採用商業與教育並行的業務發展，為「拐杖」的生活功能和社會意義重新定位。共同創辦人梁渭聲（Richard），自 2016 年與拍檔們成立公司，在「優杖」的研發過程中，與團隊深入拆解輔助用具和長者行動生活的細節關係，樂齡設計絕不是冷漠的科技品，而是連接長者與護老者、身體管理、預防跌倒和提升長者生活質素的新平台。

預防勝於事後輔助

隨着年紀增長，身體機能慢慢衰弱，出行對於長者和照顧者來說，可說是「步步驚心」，擔心跌倒受傷、動作太慢，漸漸限制長者在家或出外的活動範圍。傳統來說，拐杖是老年生活、行動不便的輔助品，象徵長者的社會年長地位，為長者和護老者提高自我照顧能力。一般來說，市面分有單拐、登山拐、四腳拐，助行架或老人手推車等產品，這次在「後。生」展覽的第三部分展示區，則選來日本的電動輪椅「WHILL Model Ci」、美國的三輪車「Trikka」助行器，還有香港本地團隊研發的「優杖」，具備跌倒通報、照明、遺帶提醒、緊急求救、暖手等智能設計，提升拐杖的普遍定義，以科技提示方式減少意外發生，重新思考拐杖的功能與生活關係。

「近年長者開始接受當身體行動不便，就要用拐杖。我們要改善用家使用拐杖的自卑心：被標籤老齡、行動不方便，透過駕馭科技產品能力，提升長者的優越感，使用時便不會感到不好意思或者難看。我們注重用家管理自己身體的能力，預防未來（將會 / 有可能）發生的意外或身體創傷，減輕給家人帶來的不便。」Richard 透過視像會議，介紹「優杖」背後的產品理念，設計主要針對身體需要輔助、步行時有跌倒風險的人士，包括年老身體肌力衰退或藥物引致平衡力減弱，當用者發展到需要使用拐杖輔助之時，意味着潛在跌倒的風險，特別是亞洲女性骨質疏鬆指數高，長者跌倒後對身體的傷害更是深遠。

廣東俗語「針唔拮到肉唔知痛」，比喻當痛苦、不幸、壞事不是發生在自己身上，無法領略到其中的痛苦。照顧者憂心長者會發生意外跌倒，希望在問題發生前，勸喻家人使用拐杖，由於難以考慮對方的感受或看法，容易形成雙方的矛盾：「你愈叫我用，我愈唔會用。」需要在安全和用者感受之間找個平衡點。「優杖的通報機制，可以減少意外、提高支援，透過長者自主身體和科技連繫拉近家人之間關係，整件事串連得好，能夠讓不同持份者獲益，改變態度。」

行是身體和生活的體現

說到科技，長者年齡層很大，現在六、七十歲長者已懂得使用智能手機，對於八、九十歲長者卻普遍不適用，為了將輔助技術（Assistive Technology）[1] 融合香港長者需要，優杖產品集傳統產品類型與不同程度的智能科技於一身。

拐杖本身是無科技（no-tech）產品，手杖以單拐的產品造型為基礎，團隊參考了坊間不同的拐杖設計，從力學、功能角度分析特點和不足之處：「椅子拐杖，主要針對體力不足，需要短時間出外的人，減低他們在街上的無助感。遇上身體控制能力比較差的用家，容易產生跌倒風險；傘款則分成兩種功能，遮太陽、擋雨的功能需要，另一種是顧全自尊心，不想讓人見到自己用拐杖。傘款的承托和負重能力較差，因為雨傘結構並

1　輔助技術（Assistive Technology），泛指運用科技的方法，或研發科技的裝置，協助身心障礙者，重建或替代他們的某些能力或身體機能，改善他們的生活品質。

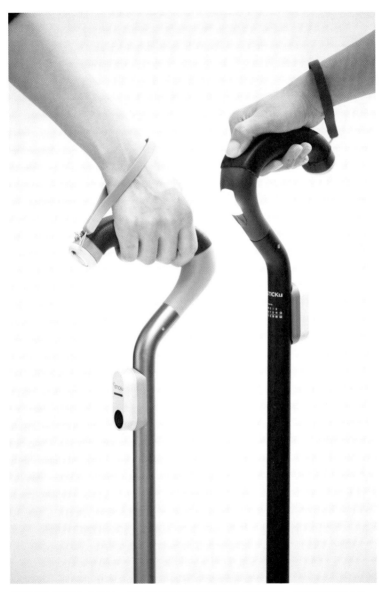

必靈科技研發的「優杖」擁有專利跌倒偵測技術及智能照明、來電震動等功能。
（圖片提供：必靈科技）

不是用來負重，容易變形；高度不能夠調較，也容易引致其他
身體痛症。」

「長者如無法受惠於科技進步帶來的生活改變，是不公平的；
為甚麼長者會抗拒科技？可能是較少接觸、不懂得如何操控，
我們嘗試讓手杖加入智能科技，操作簡易，具備跌倒通報、協
助按鈕、照明、暖手、來電提醒、續航力強、方便充電等智能
功能，讓長者可以獨居生活、一個人行街、照顧到自己，萬一
有意外或需要人照顧，能夠通過這件產品聯絡家人、找幫忙，
這就是將無科技（no-tech），結合低科技（low-tech）和高科
技（high-tech）的成果。」

防跌倒的智能提示、通報和支援功能加入拐杖的想法，來自
Richard 照顧患癌病姐姐的親身經歷。她四十多歲患病，要做
化療，期間身體產生變化，如體力不足、容易跌倒、怕冷。
「來電震動、跌倒通報，都是我擔心她身體出現問題時構想的
支援功能。」除了拐杖設計和智能支援功能，「優杖」的裝置
還包括：連接智能手機的程式系統，程式版面簡明、容易操
作，能夠記錄身體表徵功能如運動量、BMI、體重、高度、步
行公里或步數、血壓、心跳等健康數據，方便管理身體變化。

「行是一個重要的身體指標，小腿亦是身體的第二個心臟，有
輔助下身血液回流身體不同地方。有些論文指出，若步行、行
動和活動不足，容易引致身體三高（高血壓、高血脂及高血
糖，中年後常見的三種疾病），因此步行的速度和數量，也是

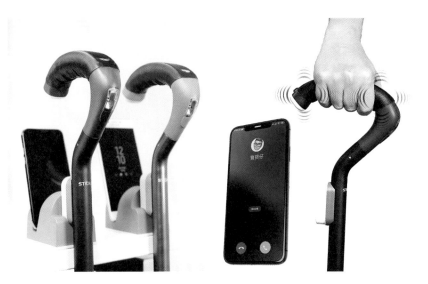

「優杖」連接智能電話能查看健康數據，方便用家及照顧者管理身體狀況。
（圖片提供：必靈科技）

身體健康狀況的指標之一。」

透過手機程式，長者可以管理自己的身體，用家願意與照顧者分享的話，讓不同長輩與不同住的家人透過資料分享形式，遙距了解父母或祖父母的身體狀況，提早留意或看醫生。「疫情期間，社會對長者支援較少。我們的手機程式系統亦同時進階成為資訊平台，透過賽馬會、社企和公開資源，與長者分享相關資訊、新聞等。透過影片學習用優杖做運動，即使因疫情上不了街，也可以保持運動習慣和接收訊息，與社會持續連繫，改善生活水平。」

透過團隊的 STEM 教育工作坊和編程課程，讓中學生透過樂齡科技關注社會老齡議題。（圖片提供：必靈科技）

「健康是要靠自己去維持、訓練」

不論是太極、毛巾操、健身、行山，長者對於身體健康、養生和運動的決心，絕不能少看。Richard 分享一個讓他印象深刻的用家例子。一位中風致半邊身癱瘓的伯伯，需要以輪椅代步，他與太太每朝堅持到公園做物理治療，希望用「優杖」幫

助記錄每日的步數。「聽後我覺得很鼓舞,很多時長者或遇上挫折的人都會放棄,這位伯伯卻積極地讓身體康復,回復正常狀態,拐杖每日記錄的步數,可以成為鼓勵他的目標,讓長者知道『健康是要靠自己去維持、訓練』。」

產品亦可以回應不同人的需要,Richard 分享他們對用家的使用習慣:「香港的婆婆主要分兩類,一班較少外出;另一班擁有活躍的社交生活。對於不上街的婆婆,產品方便在家中使用,特別是深夜上洗手間,好多時要開燈或亮夜燈,拐杖上配備自動照明裝置,可以直接使用。一班對自己健康有要求的長者,則會設定目標,如每日行三千至五千步,有時當他們發現數據操控出現問題的話,更會打電話來詢問。香港的年長女性,大部分精靈聰明,跟着手機影片學做運動時,同時學懂使用智能手機。」

疫情前,很多公公婆婆會去公園做運動、跳舞、下棋、聊天,參加長者中心活動、約朋友去西貢、元朗,生活多姿多彩;疫情開始後,他們的活動主要是外出買日用品。這兩年以來,大家的生活改變,從「行」角度來說的話,長者們確實少了很多娛樂和活動機會。

由科技創造的公民教育

當設計思維和元素應用在科技,團隊的第一考量是實用性,讓用家容易操控;複雜的程式後台計算、搜尋等則由後台技術支

援團隊開發。BNET-TECH 團隊有主要研發「優杖」防跌系統的工程和技術、學校 STEM x 編程課程教育和線上推廣，創意部分主要用於收集、檢視用家回應，例如長者會分享他們時常聽不到電話鈴聲，因為聽覺能力下降，城市四周環境嘈吵，因此在優杖的手柄加入來電震動功能，避免家人擔心。

近年社福界和政府積極投入資源發展樂齡科技，鼓勵多些不同業界人士參與老齡市場發展。BNET-TECH 開業六年，「優杖」現時在網店、門市和樂齡科技等相關地點有售，對於主流市場來說，大眾想購買這類樂齡產品，大多靠上網搜尋。團隊認為需要更多展覽和不同渠道讓多些人認識這類產品。「這次參加『後。生』展覽是個不錯的經驗，透過設計角度和新形式展示樂齡科技產品，讓用家在了解身體轉變後的需要，預先作事前準備。」

將 STEM 結合樂齡科技教育，讓智能拐杖、機械車、智能手錶等日常物件延伸成為中學生和「50 ＋」長者的電腦編程課程，透過程式和電路板，建立感測器和環境相互作用等裝置。這種鼓勵科技創意的興趣和自學課程，可以讓產品伸延出各種可能。「面對香港人口老化問題，教育局希望學生有全方位學習，我們會到學校分享，介紹日後跟長者議題相關的工作，幫助中四學生面對人生決策時，思考讀書工作等未來發展，讓他們知道樂齡科技在香港發展的現況，以及老人市場的需要等。透過開發產品，設計過程需要運用同理心，從以人為本的思維出發，啟發年輕人對於生老病死的了解。他們也有專為

「50+」、「60 ＋」Young-Old（青老）設計的編程課，拉近老年人與科技的距離。「我希望現在長者有機會學習科技，如我媽媽，她今年八十七歲也懂得玩 YouTube，因為宅在家要找娛樂。這些外在環境製造的誘因讓他們學習科技，解決生活上的枯燥。」

BNET-TECH 的長遠發展目標是推動步行和防跌倒系統，希望未來即使年紀老了，也能健健康康地生活。除了智能拐杖，亦會加強防跌倒系統，透過人工智慧技術預算用家的跌倒機率，透過樂齡科技課程，讓更多人認識和參與行業討論。技術日新月異，我們都會老，以科技改善生活的長遠目標，關鍵在於大家如何持續學習、適應社會。「這代年輕人在讀書和生活中經常接觸科技，我們鼓勵年輕同事多些參與長者活動，從中體驗長者的感受或問題，再運用自己的能力（科技）提案新設計。在長者行業來說，除了科技外，心意也很重要。如果科技是冷冰冰的話，在長者市場上讓用家感受到溫暖，那才是我們的目標。」

● 未來的智能老齡城市

除了人口老化,城市同時迎來未來的智能城市。年輕一代,如 BNET-TECH 的兩位實習生,譚嘉穎、何麗穎,亦想知道智能科技能夠如何幫助長者。「家中有長者,於是很想知道有甚麼科技方便他們生活,不會讓長者感到麻煩後生或家人。」來自工程師背景的 Richard,認為大家可以從兩個層面思考未來老齡城市生活和科技的關係。

從城市配套來說,香港有自動電梯等,能夠配合長者使用輪椅。長者能夠應付熟悉的居住環境,需要去新地方時,城市配套要留意長者的需要,如指示要清楚。對於他們來說,在陌生地方迷路,是一件很吃力的事。城市空間,需要多些讓人坐的地方,長者體力始終比成年人弱,需要休息和廁所等配套。另一方面是自主管理身體,別讓年輕人

或家人照顧。未來老年人，應該以個體行先，別讓自己成
為別人的負擔。

5G 科技讓我們可以透過指示，在生活環境中設定電源、
裝置的開關服務，然而不同類型用家的使用情景各有些不
同，透過機器學習系統，尋找及調整具人性化的體驗，需
要時間令智能系統穩定。

09

年老讓我體會的設計思考

行

劉子晉

其實不只是老人家，需要在步行期間坐下來休息，人人都需要。

工業設計師，2019 年紅點設計獎概念設計得主；於 2022 年於香港理工大學設計學院工業設計系畢業。劉子晉相信設計的靈感來自生活和群族，能夠為社區帶來新啟發。

Instagram | jordanlautc.design

城市街道馬路錯綜複雜，行動不便的人士、長者，外出時需要實用的輔助工具外，也要面對不同的目光。

來自產品設計畢業生劉子晉（Jordan Lau）的概念設計作品「Tri Cane」，產品關注用家的需要、在公共場所使用時的形象，以可變形式的拐杖凳設計，於 2019 年紅點設計大獎中贏得「Best of the Best」國際獎項。2021 年完成設計學位畢業作品，設計延伸成為 deTour 2021 設計節「有（冇）用 Use（fu）less」的裝置作品，以泡泡和燈構成的概念設計，提出對物件功能與連繫身邊事物、人和環境關係。

「這個設計裝置講述轉瞬即逝，同時慢慢堆積出來的循環和新緣份，其實也是自己經歷設計『Tri Cane』後，重新思考年老和設計的心路歷程。」由功能實用性到概念性，年歲轉變到不同價值的設計思考。

設計除了解決問題，更重要是提出疑問、探討生活大事情。面對人口老化議題，除了從物理的功能性了解用者的需要外，設計者本身，即使是年輕人，也是每日正邁向年老的人，如何透過設計思維傳達的人文觀察力，找出每個人都能夠產生共感、回應的設計？香港知專設計學院產品設計高級文憑畢業生Jordan，自2019年獲得紅點設計大獎後，面對來自媒體、社福機構、陌生人的訪問和查詢生產進度，每個對話都讓他思考設計背後的意義。

行與目光

拐杖屬於輔助生活工具，方便步行，也是歐洲紳士衣裝設計的一部分，作為設計原型（archetype），為用家帶來實用性外，更要切合形象。Jordan現於工業設計工作室上班，在視像會議訪談中，嘗試回想數年前的畢業作品設計過程：「初期設計『Tri Cane』時，並不打算做拐杖凳，待發展中期與老人家傾談後，發現他們不想要標奇立異或創新，反而想要能夠切合他們生活形象的東西。設計轉捩點在當拐杖成為身份形象之一，要重新思考到底拐杖要不要似拐杖？有沒有辦法讓它更共融？」

香港城市節奏急速，萬事講求方便和速度，難以容納行動能力較低的人。例如為了便捷流程，生活各項大小服務都要電子化、上網。不是每位老人家都懂得使用電腦、配合最新措施，長者的日常生活節奏慢，代表當他們外出時，時常接觸旁人的目光，為長者在城市中的行動，帶來另一個大挑戰。

「當我的家人腳部出現行動不便狀況，行走期間總要間中停下來，按摩或敲打腳部、紓緩不適，這樣會不會引起他人的目光？其實不只是老人家，需要在步行期間坐下來休息，人人都需要。試想想，在港鐵這類型空間不大，卻同時承載大量乘客的交通工具上，不時出現爭位坐的情況，如何決定多少人可以坐？每人又可以坐多久？從設計角度看，我不是只為一個人設計，而是從身患腳疾父親的處境，啟發設計的靈感。」

這把拐杖凳採用隱藏結構，灰色的垂直拐杖可變形成為三角支架，螢光綠色的手柄則平分打開為凳面。手杖末端設有小小的凸出位，用腳一踏，提起拐杖，就能還原，方便上街使用。「與家人討論這個設計項目時，我留意到當一個人未老，但身體狀態需要拐杖時，對他來說是一種迫於無奈的妥協；需要時才選用行山杖或運動型的款式。作為設計師，是不是可以透過設計改變？」

待畢業作品完成後，Jordan 收到不少人的回應和意見，有人問為何拐杖如此幼？會變形嗎？沒有椅背、扶手，坐起來穩陣嗎？在米蘭家具設計周展出時，與來自世界各地的人進行了對話：「有人覺得概念有趣、有興趣知多點，我現在回想當時其實有點似在『表演』，從拐杖到凳子的變形元素，反覆地示範迴響固然是好，但這不是一張可以坐的完成品。畢業後，我的 Instagram 專頁時不時收到有人詢問『Tri Cane』的價錢、製作進度；當他們知道設計還在概念品階段，還需要在機械結

「Tri Cane」保留拐杖原貌，注重實用功能和用家形象，減低用家對使用拐
杖凳的戒心。（圖片提供：劉子晉）

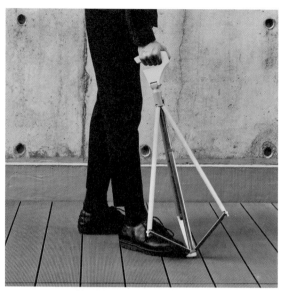

便攜式設計的「Tri Cane」用腳一踏即可展開成凳，方便用
家隨時休息。（圖片提供：劉子晉）

構、工程學、安全性等再深入研發時，大部分人都會不了了之。作為一件學生作品，更需要繼續研製、生產，待我儲多些經驗、日後成熟再做下去。」

老是非主流題材？

與 Jordan 同屆，在 2019 年香港知專設計學院的畢業作品，在課程推動下不同學系的學生也有各類創新老齡共創設計，以長者生活和跨代共創為題目。為甚麼近年修讀設計的年輕學生關注多了非商業類題材？他嘗試回答：「這類非主流題材，能夠見到設計價值，嘗試解決或改善議題。我們學生普遍希望作品有用，而不是泛泛之談。」

升學上香港理工大學，修讀設計學位期間，這個對老年題材的思考，卻讓 Jordan 陷進沉思，到底繼續做老人產品？還是概念設計？面對未來，設計學生要思考的，除了社會議題，更有他們對創作和事業的想像，到底設計目的是為了賣錢，推出商品，還是其他？

「『Tri Cane』是一個物理功能，為別人解決問題的產品。它會不會被其他新的設計取代？我之前做的東西會不會全部白費？在構思設計畢業作品時，愈想愈喪志⋯⋯再想深層些，未來是建基於過去的自己，於是我透過泡泡裝置『Gratitude 2021』，將心路歷程變成故事，連繫他人。」

「Gratitude 2021」設計裝置以泡泡和燈互相連結、消逝、再結合的過程，
讓參觀者體驗對年月、生命的緣份。（圖片提供：劉子晉）

從一個年輕設計師角度，如何看「年齡友善城市」的概念？擅長觀察不同城市生活的 Jordan，列舉了不同生活例子說：巴士阿叔的手機聲浪太大、關愛座引起兩代爭吵，他指出長幼共融的設計要達到正面作用，並不是製造更多的世代分歧。「首先不要標籤『長者共融』，城市設計應方便不同年紀、需要的人，如電梯只說讓老人家使用，假如後生仔有需要，就不能夠使用？假如有人的年齡介乎於老與未老之間，當他有需要時，用或不用好？」

「年老是相對的，六十歲對五十歲的人來說是老，我一名二十多歲的大學畢業生對於中學生來說，也算是老。年老，除了形容身體，還有成長和心境上的轉變，追求不一樣的事。未來，我可不可以設計一件東西，讓不同年齡的人體會這種轉變？」

我們拭目以待。

● 裝置作品「Gratitude 2021」

物件的功能和作用,功能是客觀描述,作用卻是關於物件如何連繫身邊事物,見到和使用它的人,甚至是環境。Jordan 的裝置作品「Gratitude 2021」嘗試從產品的角度表達以上的想法,將之影響其他人,令用家有個更具彈性和動態的體驗。

「作品採用泡泡和燈作最主要元素,泡泡是轉瞬即逝的物質,在作品中的角色是強調其他個體的存在。展覽房間中可見泡泡以不同的速度、韻律落在發光體上,待透明的泡泡累積至不同大小,連結,隨之消失。裝置紀錄了我對過去和當下的感受,參觀者可以抱着不同的心情,自行解讀,享受這個過程。年月會慢慢消失,生活亦會重生、循環,形成新的當下,在此鼓勵大家積極去感受生命。」

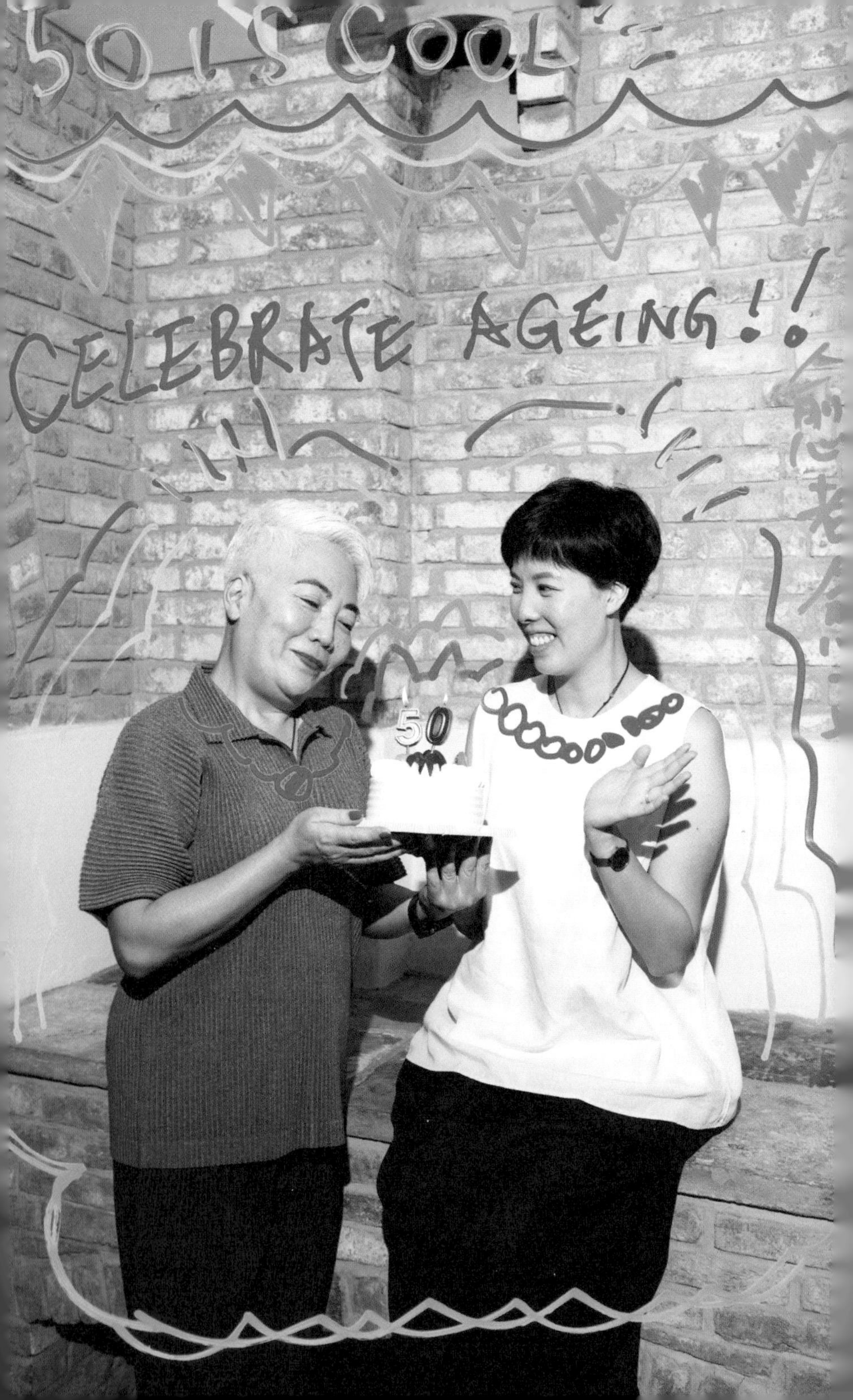
50 IS COOL!
CELEBRATE AGEING!!
50

活出精彩的樂齡模樣

10

老正工作室

樂

有阻唔到的人才是「老」！當一個人還可以周街騰、周街玩，我才不會用個「老」字來形容！

老正工作室是一所銀髮模特兒及市場推廣公司，為企業和廣告客戶提供一站式市場推廣方案，安排銀髮模特兒成為機構代言人或 KOL，參與相關市場推廣活動。透過招募和培訓長者成為銀髮模特兒並向客戶提供服務，老正工作室期望給銀髮一族帶來正面的形象及積極生活。2020 年成立專門為五十歲以上人士而設的網上媒體「港式 50 後」，近年工作室策劃社區藝術活動和展覽，盼以創新手法將長者和年輕世代、社會串連起來。項目包括「幸福影樓」舊相修復、長者攝影項目及「Ask Granny 不如問阿婆」社區藝術展覽。

網址 | www.ohh-dear.com

現代人愈來愈長壽,「老」將會是大家面對的共同課題。五十歲是中年,也是準備老齡生活的新開始,實現第二人生(Second Life)。

這篇要談老齡的「樂」,除了保持身體健康,以獨立自主、積極的心態參與社會,為日常生活和工作製造樂趣和不同的可能性,退休可會想轉行成為銀髮模特兒、社交媒體 KOL?

世界衞生組織(世衞)於 2002 年推出《積極樂頤年政策框架》(*Active Ageing: a policy framework*),倡議推動樂齡生活(或稱盛齡生活 / 積極健康樂頤年,台灣稱為活躍老化)(Active Ageing),有助改善長者生活質素,擁有樂觀健康、多方面參與社會和安全晚年,減低人口老齡化對社會帶來的衝擊。銀髮模特兒及市場推廣社企「老正工作室」,創辦人張艾淳(Zip)積極為香港的「銀髮族」帶來正面形象和積極生活,鼓勵媒體和廣告採用長者模特兒,打破主流對老年人的刻板形象,同時

推動退休後再就業，現時工作室約有五十位成員，年齡介乎於五十至七十六歲之間。張艾淳形容這班銀髮族成員，生活精彩又有活力，常常為她帶來新驚喜——原來老都可以「好正」！「銀髮模特兒和媒體小編算是實驗性，因為在香港未有人做，老正工作室從第一天開始，就是跟長者們透過大量互動、共創出來的。」

開創多元化的銀齡形象

老年人形象，具備重要的個人身份和社會文化象徵意義。大部分刻板的「老人」印象都是來自媒體新聞、廣告、電視節目：弱勢社群、執紙皮婆婆、公園晨運耍太極、飲茶一盅兩件等。開辦「老正工作室」之前，Zip 曾是報紙副刊記者，負責長者退休生活等相關專題報道，由於工作關係，經常接觸本地銀髮族，同時留意外國老齡生活資料。例如紐約攝影師 Ari Seth Cohen 於 2008 年開始的博客「Advanced Style」，透過拍攝具時尚感的有型老年人街拍（snapshot），廣受歡迎；歐洲城市如倫敦、莫斯科、德國等，陸續開設銀髮模特兒公司，為時裝周、奢華品牌擔任模特兒。這些歐美的成功例子，讓 Zip 萌生創業想法，能否在香港發展銀髮模特兒？

「你問我創業以來，甚麼是最大挑戰？就是在香港做未有前人做過的事——銀髮模特兒市場，摸索出來的本地市場，並不是時裝業界，而是商業廣告拍攝，客戶有健康、退休理財、政府宣傳片、家庭電器、食品公司等。對模特兒的要求，不一定

是雍容華貴，反而是追求自然。參加廣告商業拍攝，需要演技融入不同角色，最常見的是扮演爺爺嫲嫲或太太，以家庭組合形式，在鏡頭前跟其他家庭成員互動，因此長者需要放膽、表現自己。」

公司成立初期，僅有兩、三位模特兒，都是 Zip 在以前工作中認識的長者朋友。到底銀髮模特兒「有無得做」，有人入行嗎？最終反應熱烈，大部分「老正工作室」模特兒都是採用自薦形式加入，這班活潑及敢於嘗新的「50+」、「60+」香港樂齡長者，等待人生的新機遇和新職業，讓他們實踐人生下半場。Zip 形容這種渴望為一種「餓」（hunger），老年人認真和不放棄任何機會，想要突破自己、追求夢想，熱血程度絕不少於年輕人。其中一位是退休後的時裝業工作者 Anissa，她先看過關於銀髮模特兒報道後，自薦加入。「『50+』的長者心態正面、思想開明，大部分很早計劃退休，計劃下半人生，這些熱烈的反應，成為我們繼續前行的動力。」

工作「樂」趣無窮

模特兒行業重視自我表現力，從日常儀容、運動、健康管理到着衫，他們都會保持最佳狀態，應付試鏡和拍攝需要。積極的樂齡生活，重點在於實踐，參加銀髮模特兒工作，讓老年人從衣着、打扮、心理狀態都有不同程度的正向轉變。Zip 發現最能夠反映這種樂齡的心理轉變，就是長者的衣櫃。「穿衣服是一種日常生活的創意魔法，有助打開思維，由從前以工作為主

時裝業工作者 Anissa 退休後自薦加入老正工作室成為銀髮模特兒，形容
銀髮模特兒是她的「第二人生」。（圖片提供：老正工作室）

的藍黑色衣服，變成顏色鮮明的款式。這個試試，那個試試，
對於老年人來說就是新嘗試。」

在視像會議畫面的其中一個方格子，是銀髮模特兒 Anissa，
她身穿一件長青、時尚的鮮色法式橫條上衣，精神奕奕地跟我
們分享四年以來的工作歷程。「我退休前從事時裝業工作，時
常到外地出差，工時很長，每日處於緊張心情的工作狀態；現
在的退休生活節奏休閒，每天寫大字（書法）、煮晚飯、看電

銀髮模特兒 Neil、Regina、Stanley、Anissa（左起）參與多個商業硬照及
電視廣告拍攝。（圖片提供：老正工作室）

影；有工作時去試鏡，拍攝期間預早準備自己的體能，盡量睡
得好、爭取充足的休息；平日則要保養皮膚和買衫，選多些有
顏色的衣服，讓人在鏡頭前看起來開心、精神些！」

於理工大學設計系畢業，主修時裝設計的 Anissa，形容銀髮
模特兒是她的「第二人生」，演出經驗包括拍攝宣傳片、拍網
片、擔任電視節目主持，還有經營自己的 IG 帳戶。她形容每
次工作都是「快樂」moment（時刻），享受每次工作的當下，
如擔任電視節目主持，訪問嘉賓，過程中學懂不少醫學保健知
識；透過體驗「長者學甚麼」的環節，嘗試各種活動如咖啡拉

花、航拍、晚上到尖東海旁表演 busking（街頭音樂）甚至「亂入」動漫節玩 Cosplay（角色扮演）。那次 Anissa 穿上日式 Cosplay 服裝，在動漫節現場與一班 Cosplay 年輕人聊天、影相，完全融入其中。「我喜歡探索新事物，有些人可能覺得我好怪，一把年紀『玩埋啲無厘啦更嘢』，其實這樣才能保持心境年輕，我們這年紀的人後生時『掛住搵食』，無機會玩。現在機會出現時，當然『唔好錯過』。」

Anissa 以「好玩」來形容銀髮模特兒的工作，指的是一種面對趣味事物的「認真」態度，延伸成為創意和好奇心。「我喜歡探索，即使失敗也無所謂。甚至會再深入一點，享受當中的樂趣。」

對於「老正工作室」來說，樂齡生活是他們的社會使命，創意則擁有催化劑般的作用，鼓勵年輕人和主流社群接受這班新一代的長者，改變大家固有思維。創意即是創新、有別於傳統，帶來新思考。廣告工作的曝光率，讓這班銀齡模特兒被人看見，讓社會大眾看到：「老人家原來可以咁！」

這班銀齡模特兒敢試敢做，讓 Zip 更相信他們的未來可以去得很遠。「快樂，對於這班現代的老年人來說，無論是一份工作或義工，他們的關注點是如何實踐自己，追求樂趣，與社會的不同階層連結。」說罷，她在畫面上分享了 2020 年「老正工作室」成員拍攝的香港年金廣告，廣告照片主要在數碼社交平台播放，企劃中有多元化的長者形象角色：踩板（滑板手）、瑜伽、行山、扮靚、踢足球等，相比起以前的「阿婆行街執紙

皮」、「阿伯上落車跌咗袋橙」，近年長者在媒體的形象，變得多元化和正面。「這輯年金廣告系列，照片七彩繽紛、好有活力，反映出社會對老後有不同面向的新想像。比方說，Anissa 近年接到護膚品廣告，可見品牌漸漸接受由長者擔當廣告企劃的主角。甚至近年時裝雜誌《Vogue》與品牌聯乘項目，都會找來明星和銀髮模特兒參與平面廣告拍攝，代表社會的接受度愈來愈高。」

與時並進的「50＋」小編

近年社交媒體日漸盛行，「老正工作室」亦積極培訓成員成為臉書社交平台「港式 50 後」的銀髮小編，運用不同社交媒體平台出 post（出帖）。在「後。生」設計展擔任媒體夥伴，開展時由一對「70+」和「50+」組成的父女小編組合，以活動開箱形式參觀展覽，將過程拍成短片宣傳，父女小編二人形容展覽具啟發性，帶來很多新點子，很新鮮。

「我們的小編有兩種：出鏡和不出鏡；在展覽中擔任小編的父親，本身是『老正工作室』模特兒，女兒則是後來加入。規劃培訓銀髮小編的構思早於疫情前開始，過程中要慢慢地教他們學習社交媒體的生態和用法，如用戶互動、垃圾郵件、定時更新和數碼演算法等。平台內容主要圍繞他們的生活題目，如健康養生、舊日回憶，希望引起他們年齡層的共鳴。」隨着「50＋」以上的智能手機用者群愈趨成熟，觀看 YouTube 的時間愈來愈長，Zip 相信未來會有更多長者使用社交媒體。

除了銀髮模特兒（圖為 Dave），老正工作室亦積極培訓銀髮小編。（圖片提供：老正工作室）

近年長者在媒體的形象變得正面和多元，左起為老正工作室的模特兒
Jean、Sam 和 Stella。(圖片提供：老正工作室)

老正工作室模特兒 Kevin（圖片提供：老正工作室）

你不覺得自己老，就是不老

另一邊廂，「老正工作室」亦留意到隨着香港老齡人口上升，未來的銀齡和主流市場分野將會愈來愈模糊。「染髮產品的電視廣告代言人，由舊時的曾江擔任，到最近的鄧麗欣，反映香港社會的人口轉變，中年層佔總人口的大比例。現代人注重生活健康、保養和心理健康，中年和老年人的界線亦愈來愈模糊，有些七十歲爺爺亦夠膽自稱中年人。」

對於 Anissa 來說，年長的意思是「行唔到」：「郁唔到的人才是『老』！當一個人還可以走走趯趯，周街騰、周街玩，我才不會用個『老』字來形容！」她留意到近年政府宣傳防疫打針，主要以年齡劃分，五十至六十歲、六十至七十歲、七十至八十歲等不同年齡層，卻未能反映出實際的老年人形象。社會有大部分的長者，即使到了六、七十歲，依然精力旺盛、積極地享受人生。在生活中找到樂趣的人，有助延長壽命和愉快的生活時間，使人保持活力和目標，避免身體衰退生病。

「你不覺得自己老，就是不老；你覺得自己靚就靚，得就得！」Anissa 以這句積極的說話勉勵大家。活潑好學的她，亦分享近年學習書法的體會：「寫書法需要調節思維，有同學寫楷書時，厲害得似歐陽詢；寫篆書時，卻辛苦得交不出功課來。要堅持相信，持續做下去才是關鍵！」

銀髮模特兒工作經驗，讓這位退休時裝設計業人士時常感覺年輕、活力。「每次試鏡或拍攝時，我們都是整個製作團隊包括導演、攝影師、髮型師、化妝師當中，最年長的一位。在這些年輕人身上，可以學習到他們敬業樂業，全程用心拚搏地投入工作精神，譬如導演拍攝時要在艱難拍攝環境下指揮團隊；梳頭的要在短時間內處理十幾個頭妝；硬照攝影師，則全程落力讓大家在鏡頭下保持笑容。銀髮模特兒帶給我的，不只是工作收入，還可以見識行業背後博大精深的一面！價值比金錢還要珍貴。」

● Go With the Flow

銀齡模特兒、「老正工作室」成員 Anissa 在訪問時，分享了不少富創意的浪漫生活態度。例如疫情下，她學習使用 Zoom 上書法歷史課：「應用科技是一種生活態度，當年由 MSN Messenger 到 WhatsApp，現在是實體到 Zoom 視像上課，跟同學們體驗新科技的學習模式，是一件很特別的事。」

推介隨心地坐巴士到香港不同地方探險，讓迷途轉念成為冒險之旅。「當遇上失敗，我會哈哈笑下自己，再試過。我喜歡摸索新事物，例如試坐不同的巴士線，看看總站叫富善邨、坑口北的在哪？是個甚麼地方？我最喜歡的巴士路線是 970X，來往赤柱與尖沙咀之間。回程時巴士沿着薄扶林走，夾準時間能夠欣賞無敵的日落景色。」

至於如何準備後半人生？Anissa 寄語大家要問清楚自己想要甚麼。

「從實際角度看，退休當然需要預備財政，多少才能保持生活質素？這視乎不同人的需要。喜歡工作的，找義工或兼職；喜歡探索藝術的，學唱歌、書法、畫畫；想改善居住地方的，可以參加業委會，跟管業處討論園藝和種花。人生只要『go with the flow』，好嘢就會㗎，這就是生活的宇宙定律。」

共創「50＋」的人生中場

基督教家庭服務中心 創老工作室

樂

當時間在每日、每分、每秒不停地流逝時，年老就是一件每天都在發生的事，我們要活好自己的人生。

基督教家庭服務中心策略性創新團隊，致力透過推動創新計劃、服務及產品，為「50＋」人士建構更多生活可能，推動「50＋」人士發展更自主豐盛的生活，與「50＋」、「共老」、「賞老」、「創老」。計劃包括賽馬會躍動啟航計劃——香港輔助專業人員計劃、賽馬會「50＋」共創豐盛計劃、賽馬會齡活城市計劃——躍動香港健步行等。

網址 | cfscia.mystrikingly.com

設計思維和社會創新，成為近年社福界發展新項目的重要一環。新一代的老年人活到老、學到老，長者中心的服務對象，亦要隨時代改變。

「人生中場，發揮所長。」是來自基督教家庭服務中心的創老工作室口號，這班五十歲或以上人士會員（簡稱「50+」）宣告老年不是人生下半場！

負責策劃的基督教家庭服務中心（CFSC）創老工作室（InnovAGE Team），團隊專門為「50＋」推動銀齡創新計劃、服務及產品，在服務中加入設計思維元素，從「50＋」用者角度出發，鼓勵新一代長者規劃人生方向，實踐樂齡生活，並尋找「50＋好生活」幸福論。社工出身的「50＋」悅齡服務、InnovAGE Team 高級經理王漪漪（Kiki Wong），聯同社會設計系畢業的年輕 InnovAGE Team 成員 Yuki，分享項目背後構思，和來自這班「50+」長者生活探索和創想。

絕不簡單的「50＋」

「為甚麼叫『50＋』做人生下半場，不是中場？我們不是日落黃昏，是驕陽初升，陽光普照呀，姑娘！」

現時社區長者中心和社福界傳統老人服務的對象，大部分是需要人幫忙、照顧的高齡長者，機構向來提供的 ABCD 餐，如識字、學英文、書法，已不能夠滿足這班敢言、有理想的「50＋」。這班新生代的長者大不同，屬於五十至六十歲年齡層的他們，佔香港人口比例的大多數，「50＋」學歷和經濟能力高，他們個性獨立、擁有專業能力和經驗，對人生有想法。Kiki 曾接觸過一位長者發明家，他懂得製作小發明，如加密貨幣手錶、太陽能灑水器。發明家見人就說：「如果這些小知識可以幫到人，我會好開心。」

機構眼見愈來多愈有能力的長者，卻無平台發表作品或發展，決定嘗試打開安老服務新模式，開創 InnovAGE Team。InnovAGE Team 以自負盈虧形式運作，對象主要是「50＋」以上人士（無年齡上限），約有逾三百位會員。Yuki 說每次開辦活動，都收到踴躍的報名和查詢。工作室開創成員之一，是基督教家庭服務中心的社工 Kiki，她個子嬌小，說話鬼馬活潑，訪問時經常「50＋」上身，繪形繪聲地演繹長者們的對話。她代表了這代年輕的長者社福界從業員，對未來的長者服務充滿熱情和新點子，最喜歡跟一班「50＋」會員和年輕的同事們發想新項目，大膽地嘗試各種在社福框架內的新可能。

「50 ＋好生活」和 InnovAGE Team 的初創期，Kiki 笑說工作室是「土炮」製作，由零資源開始「砌起」。「起初只有兩個同事、兩張枱，慢慢地這幾年來，在不同資源幫助下，開設了不同的辦公室和創業共享空間，如有讓輔助專業人員當作營運義工服務的場地，而不是傳統老人中心的排排坐、睇電視模式。」

在疫情期間團隊只花了四天時間統籌、製作簡報和培訓，讓一班來自不同專業背景的「50 ＋」義工，包括退休護士、社工、輔導員，成功設立抗疫熱線，支援獨居或雙老長者。「好多人覺得人口老化是包袱，我並不同意。這班『50 ＋』的長者又叻又有能力（專業知識），是社會的重要資源，社會關鍵時刻，挺身而出，回應很多緊急服務的需要。」

設計思維工具

從服務角度來說，對於 InnovAGE Team，「50 ＋」長者不再是受惠者，而是共創者、甚至同行者。Kiki 與機構在 2016 年發現長者服務不能夠再用傳統舊框架，於是在 InnovAGE 創辦初期，找來李欣琪博士幫忙，運用設計思維模式和共創工作坊，與八十多位來自五湖四海背景的「50 ＋」，一起想像甚麼是十年後的安老服務，收集想法後分析。工作坊歸納出香港新一代長者有以下三種參與社會傾向：共老 —— 享受社交生活：「50+」重視群體參與、人與人之間的互動；賞老 —— 持續學習：「50+」喜歡學習新知識和技能、並享受過程；創老 ——

上：輔助專業人員為視障人士講述足球比賽

下：「50+ 好生活」課程結業禮

（圖片提供：創老工作室）

創造新可能:「50＋」擁有自己的技能,透過擔任義工貢獻自己,決心令社會變得更好。

初期推出的「50＋好生活」計劃,活動主要結合教練學(Coaching)和社會創新。因為很多專業人士在退休後,失去原本的職場身份,會感到迷惘。「很多『50＋』退休後,試過做義工、兼職、上堂學習,卻依然不快樂,因為他們對人生無方向。我們先以退休講座形式,邀請不同嘉賓分享。後來計劃以課程形式包裝,有系統地透過正向心理學的概念,在成就、健康、關係、正面情緒、投入生活、生命意義等方面,為參加者建立『豐盛』人生,並以提問、教練學的技巧回應人生需要,還有一對一人生規劃支援。」

除了課程,InnovAGE Team 亦透過設計不同思考工具,幫助用家思考不同議題。包括「50＋」人生規劃卡:「50＋ BEcoming More」工具,規劃卡收錄了「100 個 50 歲後思考的問題」、「80 個『50＋』生活選項」等,以桌遊方式進行小組討論,與身邊朋友討論第三齡生活規劃,在互動過程中,培養「50＋」愛惜、認識、了解自己和社會的需要。「規劃人生是一件很個人的事情,沒有標準答案。」Kiki 認為教練學讓人找到內心的答案,就是最大價值,實踐人生動力,才是真正屬於自己。

社會資源配對新想像

InnovAGE Team 鼓勵團隊與服務對象互相交流,從項目經驗

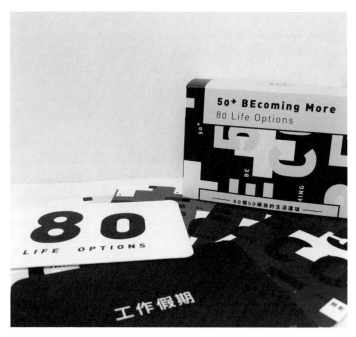

「50+ BEcoming More」卡牌。（圖片提供：創老工作室）

中汲取意見，改善、進步。其中一個項目是「賽馬會 50+ 共
創豐盛計劃」，此計劃專為五十歲或以上人士提供創業機會，
參加者完成創業培訓及體驗活動後會組成團隊，尋找照護服務
的痛點與積極樂齡的實踐方法，共同策劃以「社會創新」為理
念的創業項目，回應社會問題。Yuki 從理大社會設計系畢業，
她形容計劃是製造新可能的系統：「從社會創新和設計角度來
說，InnovAGE Team 透過不同方法，加強『50+』與社會的聯
繫，發揮他們的潛能及社會價值。」

透過步行鼓勵「50+」長者成為步行領袖，在訓練活動中成立小隊和實現年齡友善社區的目標。(圖片提供：創老工作室)

由 InnovAGE Team 開辦的「賽馬會躍動啟航計劃——香港輔助專業人員計劃」，則將不同背景的退休專業人員，與志願機構或服務單位配對，如香港失明人協進會、心光盲人學校、利民會熱線服務等。這個計劃的想法，源自機構總幹事郭烈東十年前的構想，運用香港的退休人力資源，製造一班生力軍。這班專業人員有退休護士、社工、工程師、律師、醫生、輔導員、運動教練、資訊科技及市場推廣人員。比方說退休護士可以服務精神健康家舍會員，教授如何吃藥、健康管理和提供教育；退休工程師幫助新屋村進行驗樓工作或簡單裝修。這班生力軍，可以提升社福服務水準，同時令服務變得更豐富。

從個人健康到友善社區

世衞「積極樂頤年」提倡政策框架的三大支柱，其中有「參與社區、貢獻自己」。長者透過參與義務工作，找回自己的定位和方向；還可以從個人健康，延伸至社區連結。基督教家庭服務中心策劃年齡友善城市項目——「賽馬會齡活城市計劃：躍動香港健步行」，透過步行鼓勵「50+」成為步行領袖，成立地區小隊和實現年齡友善社區。

計劃對象是平日沒有運動習慣的長者，首要將運動門檻降到最低。Kiki 解說背後的想法：「運動聽起來讓人覺得門檻很高，要買球拍、跑鞋，又要找場地，甚至要人陪伴，無論是時間、資源都要投資。選用步行，因為人人都做到，行就得㗎喇！」

步行領袖和區內長者一起探索社區和享受步行的樂趣。（圖片提供：創老工作室）

外國的成功例子說明，步行除了是世界上最好的運動，好處有健康和快樂外，還可以促進年齡友善社區。實踐社區有十個，各有不同的步行活動、路線，參加的長者要步行和成為區內路線設計師。從討論、構思、實地考察到試行，由一組人構想景點，選擇方便老人家的路線，建立一條屬於自己社區的步行路線，再找本地繪本創作人繪畫地圖，分發及回饋社區。Kiki 記得其中一位參與長者分享，她說自己住在元朗四十年，卻從未留意附近元朗公園的百鳥塔。這位元朗婆婆說：「住了咁多年，都不知道我嗰區係咁靚、咁好行、咁多嘢睇！」

透過活動可以重新建立長者對社區歸屬感、參與感、提升身心健康、完成步行路線的成功感，更有助帶動彼此的社交樂趣。「長者們由最初喊又劫又辛苦，到最後一堂主動說要去征服珠峰（百鳥塔），走上百鳥塔後完成項目的成功感，多於任何禮物或金錢回報。」這正是「50＋」幸福學的重點，退休後的財富規劃並不是最重要，身心靈健康才是最關鍵。「我們透過項目實踐幸福學理論，發現對於『50＋』來說，人與人的關係才是最重要。因為快樂的自我實踐，屬於人生意義中的最高層次。」

樂齡生活，甚麼歲數都可以

設計關乎生活中各種有形和無形的東西，為自己設計人生下半場，是既抽象又重要的事。其實積極生活的樂齡態度，任何歲數的人都適合。大家可以從三十歲起觀察、四十歲準備、五十

由長者設計步行路線，製成社區地圖。（圖片提供：創老工作室）

長者在小組活動中共同遊歷，認識社區。（圖片提供：創老工作室）

歲實習、六十歲親身活出老齡精彩。

Yuki 曾問過自己，「50＋」時會怎樣？「我想像未來的自己，會繼續連繫社會、保持身心健康、持續學習、實現社區等。細看列出項目，發現這些目標不一定要等到五十歲後，現在也可以開始，不一定要等某個歲數。」當時間在每日、每分、每秒，不停地流逝時，年老就是一件每天都在發生的事，我們要活好自己的人生。

● 活着的價值

關於「50+」好生活，坊間有不少整理人生的書籍讓大家參考，InnovAGE Team 的辦公室內，有不少正向未來老齡讀物，Kiki 選來其中兩本推薦給大家：

InnovAGE Team 的概念，起初是來自《人生下半場》這本書。內容關於人應該如何去取回活着的價值、尋找自己的身份角色，屬於「50 +」的入門書，為人生下半場定位、尋找價值意義與啟發，值得思考（雖然書中涉及少許宗教內容）；另一本叫《整理雜亂的人生！四個箱子の法則：馬上可以提升效率、打開人脈、生活富足、美夢成真的思考術！》，書中透過雜物來整理人生的順序，從雜物歸類的思考方法，接納、處理不同的人生關係，提出「喜惡」和

「需要」的排序，讓自己處理衝突關係和不同的抉擇。每個人都有自己大大小小的生活煩惱，不要將「50＋」面對的困難病態化，令社會氣氛變差。

第三章

你我的後半人生

面對未來人口高齡化，大家如何為我們的「後半人生」做好準備？設計如何幫助建設無年齡差別、全齡友善的共融社會？本章節將與「後。生」聯合策展團隊、研究老年社會學的學者和從事社會創新的機構代表進行對話，從不同角度關注年齡友善城市議題，如何運用設計思維、跨界別合作，將老齡化的城市、社會和文化挑戰，變成未來城市生活的新可能。

誰和誰的
後半人生

12

OHMYKIDS

老齡化不只是安老業界或設計界別的事情，而是關乎市民對「老」的文化觀念，如何建立正面的態度面對和接受老。

於 2012 年成立，是香港首間親子創意品牌。多年來推出不同以孩子主導的遊樂場、職業體驗、市集、爵士音樂劇場。致力推動「相信孩子」的理念，凝聚創意、美學及孩子的力量，為世界帶來意想不到的改變。

「後。生」展覽的中文名字，擁有雙重意思：來自上一輩人稱呼年輕人的用語，同時代表即使進入「後半人生」（老年生活），人人也可以保持「後生」的身心，以正面、活力的態度生活。

以上是來自聯合策展團隊之一，從事多元化親子平台和活動策劃公司 ohmykids 的策展人語。兩位創辦人張詠妍（Wing Cheung）和魯凱凌（Helen Lo）以好奇的目光看老年人設計，夥拍聯合策展團隊小市山設計，從內容活動到空間設計，帶來一個生活化、吸引不同年齡層對長者議題產生興趣的展覽。

這個由香港設計中心主辦，香港特別行政區政府「創意香港」贊助的「設計光譜」「後。生」展覽，於 2021 年 5 月 13 日至 7 月 18 日，在茂蘿街 7 號舉行，嘗試以換位思考方式，讓參觀者從不同的角度，重新發現對「老齡化」和「未來的我們——長者」的新觀點、同理心和跨代共融。距離展覽完結約半年後，我們跟 ohmykids 創辦人之一的 Helen 進行視像訪

問，她頂着一頭鮮麗的染髮，跟我們回想策展「後。生」展覽的那段時期。

展覽取名「後。生」會不會太破格？Helen 疑惑地問，向來主打親子活動的 ohmykids，她坦言在初期策劃時，擔心從來沒有接觸老人議題的團隊，會不會不適合策劃這個題目？「展覽的目標觀眾不只是長者，希望做到跨年齡層，以不同年齡人士為目標，讓年輕人、中年人甚至小朋友都覺得老齡化與他們有關，以帶動大眾關注議題。」

設計往往代表新穎，老齡化在社會上卻被視作帶有負面的形象。老，讓人聯想起「老土」、「落伍」，女士們更不願意認老，因此大家在媒體、廣告、日常用語中，常常聽到不同的「老」字代名詞。為了打破固有框框，「後。生」展覽的策展團隊運用了深入淺出的方式，為「老」字扭轉刻板的形象。「我們在進行資料搜集時，發現原來香港和世界各地有很多針對長者需要的設計。正因為我們不是來自設計或安老界別，反而找到新發現。我們想透過展覽傳達一個訊息 —— 香港也有很多為長者設計的新式產品，或不少公司代理了很好的東西到香港市場。」展覽首要目的是歡迎任何年齡人士參觀，二是透過設計有型、新穎的展品如電動輪椅、智能拐杖、腦化外套等，讓年輕人感覺題目不是那麼陌生，甚至看畢展覽後，不再介意「老」字。

老要有型、有溫度

一般藝術、靜態物件展覽,予人一種冷冰冰、敬而遠之的距離感。如何將一件件具實用性、又好看的產品,變得平易近人、有溫度?ohmykids 花了不少心思,建構參觀者對「老」物件(包括舊物件以及為長者設計的東西)的看法。

展覽內容分為五大部分,運用嶄新具玩味的互動形式,將「老」延伸成為五種體驗:讓參觀者體驗長者身體挑戰的「未老先體驗」、展示上一代的創意、智慧和美學的「歲月和他們的作品」、重返長者「後生」時代經典好設計的「長青之設計」、探索長者日常生活創新設計的「後生之設計」和「委約作品」。參觀者來到展場,第一眼先見到放置在茂蘿街 7 號地下的委約裝置作品「拍檔拍凳」,由雕塑創作工作室 Mudwork 將舊式大牌檔摺檯摺凳,改成一系列可發出聲響的裝置,讓人敲拍玩樂。「摺檯、摺凳,是上一代人經常使用的日常用品,卻鮮見於年輕家庭,某程度上都有少少過時、老土。藝術家透過升級再造的創作方式,賦予新生命。」大部分人想像不到這組裝置是跟長者有關的設計,卻可以引起好奇心,營造對「老」的想像空間。

在展覽的室內空間,則分成四大空間,以不同的主題演繹「老」設計的新可能性。有電台 DJ 急急子訪問銀齡達人的真人故事、互動遊戲般的「未老先體驗」區、重現「老」的經典設計空間和最後以衣、食、住、行、樂為主題的生活範疇,展現

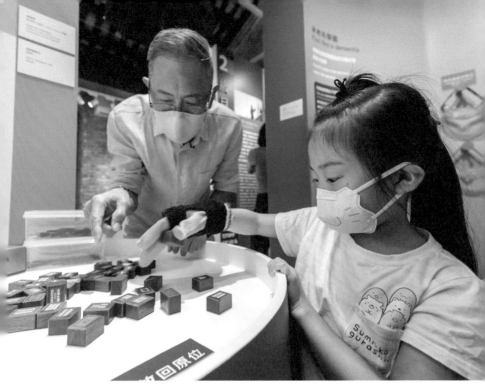

「後。生」展覽中的「未老先體驗」展區。(圖片提供：香港設計中心)

設計和產品如何解決長者的生活需要。展覽共約有六十多件產品，都是具設計感又貼近生活。選取條件包括設計概念、產品完整度，還有互動性，如體驗衣、砌模型、麻雀遊戲等，讓參觀者更容易投入其中。「大部分人提起『老』會聯想起『廢』、『唔掂』、老弱傷殘的感覺，在這個展覽中，我們想帶出老也可以是活潑、好玩，甚至老當益壯和具創意的。」

Helen 以和平眼鏡店「事頭婆」(老闆娘) 為例子說：「她會戴各種千奇百怪的眼鏡，甚至設計與別不同的款式。這些故事

上：委約作品「拍檯拍凳」。
右：小朋友也能勝任「後。生」導賞。
（圖片提供：香港設計中心）

很值得給大眾看見，從而了解充滿故事、活力的六十歲老人家。」展覽期間，不少長者中心、團體組團來訪，最受歡迎的是中間佈置成辦館的展場，長者們見到年輕時的舊辦館、戲院、熱維他奶樽等經典老設計，恍如走進時光隧道般，體會「老」設計的美感和智慧。

同樣地，ohmykids 策劃親子活動的強項亦帶到展覽工作坊，包括以一老一嫩（長者及小朋友）的跨代組合帶領導賞團，讓無分年齡層的共融想法延伸至公眾體驗中。「通常藝文展場的導賞員都是年輕人或擁有豐富知識的人，一定想不到這個展覽

的導賞員，竟然是『甚麼都不懂的細路』或『看似能力不足的老人家』。社會對長者和小朋友的固有印象，有時會令他們自覺能力不足。我們向來的信念，就是相信小朋友。透過信任間接賦權他們，讓他們相信自己有能力勝任。過程中見到老人家和小朋友的轉變，從練習時說話結結巴巴、害羞不敢看人，到最後帶團時變得獨當一面！」

現實的老齡化問題，絕不是一刻間可以解決，Helen 坦言這個議題，一直讓她感到擔憂。然而，完成了展覽後，帶來了一點新希望。「這些設計品，讓我知道香港有很多年輕的設計師，正在為長者設計各種日常衣、食、住、行的生活品；又發現不少外國例子，如美國有老人院跟幼兒園相連，帶動跨代互動。

「童遊灣仔」城市定向活動。（圖片提供：ohmykids）

我樂見未來有更多具創意的新點子，不只是用設計產品來解決長者吞嚥、步行的需要，而是推動社會共融。說到底，我們對老年的恐懼，來自害怕被孤立。當一個人失去行動能力，無法出外飲茶、見朋友時，人生會怎樣？希望這個展覽可以帶來反思，老齡化不只是安老業界或設計界別的事情，而是關乎市民對『老』的文化觀念，如何建立正面的態度面對和接受老。」

孩子眼中的未來城市

從小朋友的角度看未來城市和長者，又會帶來哪些新的刺激？Helen 以 2021 年暑假籌辦的「童遊灣仔」活動為例子，分享

當中發現。「童遊灣仔」是一個由小朋友帶領家長闖蕩灣仔區的城市定向活動，透過小朋友自主地認識社區和背後的歷史、文化，再用畫畫形式，鼓勵他們重新想像社區：「假如灣仔修頓球場，不是一個球場的話，會是甚麼？」

「灣仔是一個舊社區，有不同類型的人士聚居。修頓球場有長者、年輕人做運動和打球，居民放狗散步和小朋友玩耍。共融社會的意思是，讓人人共同使用公共地方。其中一位參加活動的小朋友，從孩子的角度設計遊樂場，畫中的滑梯、鞦韆，特別加上軟墊，希望老人家使用時，坐得舒服些。大家先別計較意念的可行性、現實考量，這個來自孩子的純真想法，不就是大家想多一小步，讓未來遊樂場更多人、共融地使用的點子嗎？」

城市發展是無法避免的事實，Helen 鼓勵孩子從小開始關注對不同年紀、身障、病患人的需要，培養同理心。即使孩子成長後不一定成為設計師，但作為社區的一員，當每個人願意想多一點，行多一步，不就可以讓整體社會更加共融嗎？「在展覽活動中，一班從事安老服務和社企的行家分享，他們有時也會感到氣餒，無法將長者產品融入主流市場，或者很多人還未明白老齡化議題的重要性，事不關己。我們現在做的事，規模雖然小，甚至有點像『四兩撥千斤』，始終要有人開始！」

讓人不老的空間

13

小市山設計

不老的空間，需要人人參與，共同想像。

由建築師楊建邦及劇場藝術家賴閃芳共同成立，專注於建築設計、室內設計和藝術創作。工作室成立於 2017 年，小市山設計一直關注建築與人的關係，項目包括可持續發展和社區建築、藝術裝置、社區營造、建築及室內設計等。曾參與設計藝術項目包括「藝術造村」、PMQ「小童敢創造」* 及「同理。童理」*，以及油尖旺區議會「跨代共融公園設計」。

* 香港特別行政區政府「創意香港」贊助

網址｜www.littleurbanmountain.hk

「後。生」展覽的聯合策展團隊，除了 ohmykids 外，還有小市山設計，由建築師楊建邦（Bong Yeung）及劇場藝術家賴閃芳（閃閃）共同成立，工作室專注於建築、室內設計，還有藝術創作。

在展覽中小市山設計不同高低、幾何形狀和顏色，根據策展內容分類，以空間和視覺設計引領參觀者思考甚麼是「讓人不老的空間」，體驗無年齡差別社會（age-free society），以物料融會城市的過去、現在和未來，引領大家想像我們的未來城市。

愉快順心的觀展體驗

如何讓人感受到無年齡差別？從展覽、室內空間、導向標示到藝術工作坊，小市山設計分享他們的構想。「後。生」展覽在空間設計方面的首要目的是，讓不同年齡層的參觀者輕鬆地欣賞展品，場地空間採用了鮮明的顏色，清楚地分隔展場區域，以充足燈光和較大的字體，方便不同視力程度和能力的人閱

讀。建築師 Bong 解說空間細節背後的想法：「無年齡差別的設計，並不是只針對老人家的需要，而是考慮長者、大人、小朋友的參觀體驗而設計，對每個年齡層用者，都是感覺舒服、順心的體驗。」

為了讓參觀者逗留慢慢欣賞展覽，特別設計了不同高度的圓形展示裝置，並在展區內設有座位。「展場面積約有一千三百平方尺，設計座位是想讓大家有個休息的空間。外國的博物館，展館場內處處都有椅子或手提凳仔讓人使用。如是，我們特別在懷舊設計部分，設置仿戲院座位的裝置，既是展覽體驗的一部分，亦照料到年齡友善的需要。」Bong 特別介紹其中一個互動裝置，由三個圓柱體組成，設有三種不同高度，方便參觀者試玩平板遊戲。「無論是如姚明般籃球運動員高度的成年人，或者是七至八歲的小孩子，即不同年齡、高度、能力的參觀者，都能夠得到相等的觀展體驗。」

在展覽期間，不少人流連展場空間，跟戲院座位和懷舊辦館拍照「打咭」；長者逛得疲倦時，坐下休息。至於不同高度的圓柱裝置，則成為探索熱點，有人好奇探頭看，小朋友則視之為「至愛空間」，百玩不厭。

顏色、形狀、光影與心理

小市山設計團隊，在設計「後。生」展覽的過程中發現，透過顏色和形狀元素，能夠提升通用設計的效果，讓無障礙設計的

上：「後。生」展場採用了鮮明的顏色及較大的字體。

下：由三個圓柱體組成的互動裝置。

（圖片提供：香港設計中心）

細節發揮得更好和美觀，避免公共設施偏重功能性。「顏色能夠為不同年齡的人，帶來煥然一新的空間感。如我們為屯門屋邨商場設計的導向標示系統，特別選用大面積的鮮色塊、大型的字體元素，幫助不同年齡的用家辨別空間方向、商場區域。從客戶角度來說，這些設計視覺元素，有助重新包裝室內空間，提升商場品牌形象，我們背後則希望讓大眾更舒適、方便地使用，不再迷路。」

「通用設計有時難免偏重功能性，帶點生硬的感覺。在設計中融合顏色、光影和綠化元素，可以為用家帶來多一點舒適、平衡感覺，達至安寧（well-being）的狀態。」從事劇場藝術創作的閃閃提出無論是設計、藝術或展覽媒介，透過轉換顏色的手法，有助改變空間的整體氣氛。色彩不只是外在的視覺元素，為人們帶來心理影響。因此，她在「後。生」展覽的策展人語中，加入南丁格爾的引言：「許多人以為只有心理會被形狀、顏色及光線影響，非也；對生理的影響一樣強烈。它們對我們生理之影響知之甚少，但我們確實感受到。」

設計可以做甚麼

老齡化一直是閃閃感興趣的題目。自十多年前起，她開始跟非牟利機構合作，與長者創作劇場和藝術教育。回看近年教育、文藝界別項目，社會對長者、年齡友善和社區共融議題關注明顯增加，亦有學校的 STEM 課程，讓學生為長者做設計。「回想十多年前，我第一次跟長者排演戲劇時，曾經懷疑長者如何

打筋斗、記台詞？經過多年來不同的戲劇節目製作後，發現公公婆婆們各有自己的長處和技能。」透過與長者創作的藝術經驗，閃閃一直察覺到老齡化的問題，卻不知道從何解決，這次透過「後。生」展覽，認識到不同界別人士嘗試不同方向，回應長者的需要，亦見到不少活力非常的 young-old 真人例子，啟發二人構思未來項目的新想法，嘗試將「無年齡差別」的想法帶到商業、藝術設計教育項目中應用。

近年小市山設計嘗試不同的設計藝術項目，如「藝術造村」、油尖旺區議會的長者友善社區研究，其中一個自發性的資助研究項目「識途老友」，從長者的個人故事，發掘香港的城市室內空間。Bong 從宏觀城市角度道出計劃的源頭：「對於老人家來說，最擔心的問題，是行動不便，例如出入要使用輪椅。香港的城市設計向來以車輛道路和效率為先，長者每次出街過馬路，都要留意紅綠燈和路面車輛情況。假如香港能夠做到可步行城市（Walkable City），有助提升老年人的退休生活質素和年齡友善的可達性。」Bong 以前住過北角邨（於 1950 年代興建的著名公共屋邨，由甘洺建築師事務所設計，於 2003 年拆卸。），這個建於海邊的公營房屋，主要為家庭提供較優質居所。「那裏有食肆、郵局，鄰近北角碼頭，更有很多樹。」由於是政府興建，故此地積比例較寬鬆，生活空間不會密密麻麻。相比現在樓宇，舊屋邨無疑是較人性化，現在的樓宇密度偏高，營造共融空間的可能性亦相對減少。

小市山設計希望透過與長者共創的「識途老友」計劃，與二十

屯門屋邨民坊愛定商場的導向標示系統，採用通用設計的大色塊顏色，幫助不同年齡的用家辨別空間方向。（圖片提供：小市山設計）

在油尖旺區議會跨代共融公園設計工作坊的模型。（圖片提供：小市山設計）

多位長者探索油尖旺區內建築的室內空間，了解城市與長者的
個人故事，將過程和經驗總結成為設計指南。過程中，長者先
根據自己的個人故事，構想一條「本地遊」路線。探索地點
時，同時評估建築空間、環境、設施，如巴士站、九龍公園、
區內交通接駁等，是否長者友善？座位是否足夠？是否要走太
多路？是否方便長者的需要？再提出相應改善建議等。閃閃
對其中一位長者的故事，印象猶深：「其中一位婆婆分享年輕
時，上司曾作東請客到半島酒店吃飯。那是她人生中第一次的
高級自助餐體驗，畢生難忘。到重遊半島酒店時，她從長者角

度體驗酒店空間，卻發現室內光線太暗、廁所導向指示不清楚、馬桶太矮不舒服等。」從工作坊中收集的長者個人故事和路線，最終是希望讓他們親自帶團，與公眾分享故事和發現。

關於未來生活的想像，這對夫婦拍檔感覺老年看似遙遠又接近。二人從不同角度思考自己的未來老年生活。閃閃想知道未來的設計，能否保持人與人之間的連結：「現代生活愈來愈個人化，假如我老了，會一個人生活嗎，在社區容易地跟朋友見面，keep me alive？」建築師出身的 Bong，鼓勵業界積極將無年齡差別和共融元素，運用在不同類型的項目。「未來設計需要考慮不同年齡用家的需要，如室內空間採用防滑指數高的地磚，避免小朋友、老人家跌倒。設計共創過程中，多些使用參與式設計，讓不同持份者都能參與。」

不老的空間，需要人人參與，共同想像。

未來老齡化的設計關鍵詞

香港大學秀圃老年研究中心

> 老齡化為社會帶來嚴峻的挑戰，但同樣可以帶來正面價值。

香港大學秀圃老年研究中心是大中華區和亞太區領先的老年學研究中心。中心於 1999 年 4 月成立，轄下於香港大學社會科學學院。旨在以嚴謹的跨學科研究，透過賦權提高社會資本並促進社會進步，宣揚具有意義的老齡化。賽馬會躍動啟航計劃，為即將退休或已退休人士提供學習、參與、研究、服務的一站式平台，與社會各界協同合作，建設積極樂頤年生態圈，設計出適切「50+」的退休規劃，喚醒活力第三齡人生。

網址 | ageing.hku.hk

隨着醫學科技進步、生活環境和食物質素改善、教育水平提升，有人說人口高齡化是現代社會一大成就，也是一大挑戰。

進入廿一世紀階段，老齡化為全球社會和經濟帶來壓力，設計在衣、食、住、行、樂等日常生活範疇，為老年人、照顧者和社會紓緩照顧困難和壓力外，還可以在哪些範疇準備未來的老齡社會？來自香港大學秀圃老年研究中心總監樓瑋群博士（Dr Lou, Vivian W.Q.），多年來專注研究社會家庭老年學，她與研究中心團隊以跨學科研究，積極推動和關注老齡化議題。我們與樓博士進行了一次訪談，分享中心最近完成的「賽馬會躍動啓航計劃」，從社會老年學角度出發，提議未來設計可以做的新議題。

全齡參與，持續學習

在這兩年期間，我們經歷了一場突如其來的新冠疫情，為全球社會帶來巨大的影響和改變。現在正值後疫情時代，讓大家重新審視未來社會的生活和需要，不論甚麼年紀的人，都要靈活應對時代的轉變。

面對人口老齡化，香港安老福利服務，自 1970 年代起沿用「社區照顧」概念至今。1997 年成立的安老事務委員會，提倡「老有所養、老有所屬、老有所為」的安老政策。隨着全球國家逐漸步入「超老齡社會」，世界衞生組織（世衞）從長者的個人和社會角度指出，除了長壽安康，維持晚年生活質素，更要提倡「積極老齡」（Active Ageing），即積極參加社會、經濟、文化、精神生活和公民事務。

根據《香港人口推算 2015-2064》報告，香港六十五歲及以上人口比例推算將由 2014 年的 15%，顯著上升至 2064 年的33%。隨着嬰兒潮一代成為「社會較年長的一群」，八十五歲以上的人口數字，將於未來二十年間節節上升，五十至六十五歲人士持續增加至一百萬人。樓博士認為目前形勢刻不容緩，社會要盡快改變對老年人的觀念，不要視他們為「服務對象」。

世衞早於三十年前，提倡全齡參與經濟、社會、文化、家庭、工作和社區等生活層面，讓每個人包括長者、家人和其他年齡組別人士，感到安全、有保障，被社區和生活中的城市國家接

納。「現時大部分六十五歲至七十五歲人士，身體依然健康活躍，可以參與工作、持續學習。社會面對人口老齡化，必須要突破框框，讓長者繼續參與社會活動。」從生活層面看，透過提升城市空間和日常用品、服務普及化通用設計，交通道路易達性，城市空間可步行性等，有助改善市民的生活質素和營造共融社區，讓長者自主和有尊嚴地生活，實踐積極參與社會的機會。樓博士以餐飲業作例子說明：「高級西餐廳一向採用沉甸甸的重磅碗碟（餐碟愈重，愈能代表主廚級數），卻苦了年長的從業員，業界可以透過輕巧、優雅並重的餐具設計，鼓勵更多四十至七十歲人士投身餐飲業，提倡由可食用物料製作的環保餐碟，製造更多未來的全齡工作機會。」

除此之外，還要鼓勵全齡持續學習。被列為超高齡國家之一的新加坡，於 2015 年推出「未來技能」培訓計劃，讓青年、中年和銀髮人士透過持續進修、學習不同課程、技能，社會全齡市民擁有終身學習的權利。

「賽馬會躍動啓航計劃」的對象，是即將退休或已退休人士。該項目由秀圃老年研究中心的團隊設計，為參加者提供評估、學習以及社會參與的一站式平台。同時，研究中心專為「50+」人群設計「MyAge101」工作坊課程，分享如何利用七大資源，完善退休計劃的針對教育。工作坊課程內容包括理財、社交、科技、家庭以及身心靈健康等「50+」最關注的議題。「社會愈先進的東西，長者愈要學習。大家不要覺得，長者學習新知識只是為了養生、管理身體健康，或認知能力下降後，才要

香港大學秀圃老年研究中心為「50＋」參加者設計的「生命教練：領航自我人生工作坊」。（圖片提供：香港大學秀圃老年研究中心）

學習。不論任何工作、教育程度或家庭崗位的人都需要學習。例如使用新冠病毒快速抗原檢測套裝，進行自我檢測，有人說：『我都咁老啦，要人幫！』不是呀，長者面對新東西可以慢慢學，錯了再試，直到熟悉為止，因為背後關乎人需要終身學習的精神。」

共融與個人化

大部分參加「賽馬會躍動啓航計劃」的「50＋」，本身都是照顧者，除了「湊孫」以及照顧他們三十至四十歲的子女，亦要面對照顧家中高齡長者的責任。這班長者的個別技能集合起

香港大學秀圃老年研究中心總監樓瑋群博士曾於黃金時代展覽暨高峰會上分享「賽馬會躍動啟航計劃」。（圖片提供：香港大學秀圃老年研究中心）

在「生命教練：領航自我人生工作坊」內容針對「50＋」退休生活和計劃，鼓勵長者持續學習。（圖片提供：香港大學秀圃老年研究中心）

來，正是強大的義工團隊和社區資源。然而，他們需要的並不是「老齡友善設計」（old aged friendly design），而是「年齡友善設計」（age friendly design）。樓博士強調公共設施應該全齡適用，讓不同年紀、需要的市民一起享受、使用公共空間、投票、參與社會、享用健康服務的權利。「社會需要採用全齡面向的設計，令用家不再被年齡層分開，別再說這是給某某群體的設計！無論是健康服務、公共資訊、運動器材設施，設計需要全齡友善，用法簡易、明白。」

同時，世衛提醒各國留意用家的不同特質，如個別強項、特別需要，透過靈活多變的設計方案，滿足不同年齡用者的需要。「因為人人都有不同的經驗、背景和喜好，除了全齡化的共融設施，未來的設計亦要考量個人化。」

正視不平等社群的需要

設計能夠解決老齡社會的生活需要，議題背後潛藏了不少深層的社會性問題，包括由貧窮、疾病、家庭成長環境、教育程度、性別等根深蒂固的不公平問題。

當一個人在晚年，失去獨立生活能力時，社會的不公平情況愈見明顯。樓博士提出了幾個關鍵的角度，提議大家（社會各方人士）嘗試從設計的角度思考：「隨年紀增長，歲月累積由社會因素造成的長期不平等現象。在疫情期間，識字和不識字、懂得和不懂得使用智能科技的人，直接影響他們的生活質素和資訊接受程度。以前社會普遍重男輕女，全家只有一個男丁讀書，以前只需要一個人『叻』（聰明、厲害）就可以照顧全家。現代的老年問題，如認知障礙症人士的照顧，並不是金錢能夠解決的。社會更需要重新思考未來照顧模式，提倡自主自理老年生活方案。」

香港持續成為全世界最長壽地區，女性平均預期壽命約八十八歲，男性約八二點九歲。長壽數字的背後帶出老年人的性別議題，因為大部分將要面對晚年孤獨終老的，都是單身的年長女

未來老齡社會需要甚麼？中心透過老齡研究和工作坊探索全齡學習的不同可能性。（圖片提供：香港大學秀圃老年研究中心）

性。社會如何鼓勵她們在晚年實踐「老有所養。老有所為」？備受全球重視性別議題，是老年同志 LGBT 及其他性小眾族群權利，在香港較少人研究和關注。

同樣是安老政策鮮有被提及的，是少數族裔人士的長者社群。2021 年人口普查資料顯示香港少數族裔人口佔總人口 8.4%，約六十四萬人。樓博士建議多用文字或傳意設計，鼓勵少數族裔參與主流社會活動，特別若患上認知障礙症的話，少數族裔的年長人士，難以使用以廣東話為主的相關社福支援服務，這方面需要更多的創新想法。

長壽是風險，還是新價值

你想活到一百歲嗎？假如在街頭隨機訪問香港市民，受訪者（不論年紀）大多會「耍手擰頭」驚恐地說：「唔好咁對我，唔想活得咁老！」

大眾普遍對年老帶有負面印象，從初老、漸老、耄耋、病役到晚年，面對長壽的老後日子，需要提早準備。「記得疫情初期的抗逆八招？其中一招是長者減少外出，讓年輕人幫忙採購食物、日用品。長者染疫風險大，留在家，方法是沒有錯，卻無形令長者自覺得變成家人負擔，『中招』變成累街坊。為何不嘗試採取積極、自主的態度面對疫情？愛，有時都可以成為一種年齡歧視。我們最近正在撰寫文章關注這個議題。」

面對未來耄耋雙親的養老需要，近年保險業界陸續推出一百至一百二十歲的投保年齡上限計劃，醫管局開始討論如何為九十多歲高齡人士做手術、安排程序、復康服務等。「現時大部分家庭是五十至六十歲的子女，照顧他們一百歲的長者；一家有四、五個兄弟姊妹，可以分擔照護費用和工作。未來全球勞動力人口比例減少，將要照顧人手短缺問題，假如未來的香港家庭沒有外傭幫忙，大家可以怎樣？」樓博士說罷，無奈地苦笑。

老齡化為社會帶來嚴峻的挑戰，但同樣可以帶來正面價值。「面對長壽人生，我們可以借鑑《最後 14 堂星期二的課》書中活出生命意義的態度，欣賞老年生活。例如創造多世代（Multigeneration）的工作機會，讓公司同時有五十至七十歲，還有十八至二十多歲的員工，一起工作、學習和參與社會。」

堅持不懈

近年政府大力發展的社會創新項目，有助改善老齡化問題？樓博士回顧多年來，參加不同機構、學院舉辦的老齡創新、創業比賽和活動，感慨尚未見到「明顯」成效。「設計思維的作用是找出議題的痛點，透過設計過程解決問題或提出新思維。人口老齡化議題本身複雜，處處是挑戰，牽一髮而動全身，問題環環相扣。坊間的社創項目大部分來自年輕人，意念偏向夢想類概念。最常見的提案，就是為長者設計手機程式，如電子化太極拳。實現時往往流於技術層面支援不足、內容空泛，難以落地或發展營運等因素，無法在社會上發揚光大。」

「賽馬會躍動啟航計劃」中的「50＋」參加者，各有不同才華，有人懂科技、唱歌跳舞，嘗試社創念頭等。有人獨身希望自由地運用資源和時間貢獻社會，年輕人創業追夢可以花上一輩子，「50＋」創業期卻僅有人生餘下十多年時間，在個人、家庭、貢獻社會，應如何計劃和持續下去？樓博士鼓勵社會創新需要定立優先主次目標，設計短期、中期和長期計劃，堅持不懈地做。無論是健康、經濟、跨代和社會不公平，甚至年齡友善城市等目標。

說到底是未來的樂齡生活，從生活到社會學都離不開以人為本的角度。

回應「雙老」的創新策略

15

香港理工大學 賽馬會社會創新設計院

退休歲數不只是六十或六十五歲，也可以是七十五歲，繼續活得精彩，在晚年生活按照自己的意願生活、工作和娛樂。

香港理工大學（理大）賽馬會社會創新設計院於 2012 年成立，使命為提供以人為本的創新平台，旨在透過與大學校內及校外的持份者協作，進行跨學科研究，創造具實效的社會及學術影響，促進社會的知識傳播。由理大賽馬會社會創新設計院主辦及香港賽馬會慈善信託基金捐助的理大賽馬會社創「騷・In・廬」計劃於 2018 年開展。

網址｜ www.polyu.edu.hk/disl
www.polyujcsoinno.hk

「社會設計」一詞，最早出自設計理論家 Victor Papanek 在 1963 年出版的著作 *Design for the Real World*，他提出設計發想的來源，應該從「物件」轉向「生活形態」和「人」。

日本設計師山崎亮認為社會設計是「一個人、十個人、一百個人、一千個人能做的事」，所有人都可以參與。香港理工大學賽馬會社會創新設計院（JCDISI）以「十萬分一」的說法形容社會創新：「假若每十萬人之中有一人，即香港七百多萬人口當中的七十多名市民，願意貢獻時間、熱誠、知識與創意，與不同持份者合作，便能帶來創新的解決方案。」

面對雙老化的未來，JCDISI 團隊活用破格思維和實務創新方案，積極讓大家參與未來的創新，看見從不同「人」出發的共融設計可塑性。

以設計為介入手法

自 2018 年起香港理工大學賽馬會社會創新設計院（JCDISI），開展「理大賽馬會社創『騷 · In · 廬』」計劃（以下簡稱：「騷 · In · 廬」），目的是匯集社會各方力量，聯合學術界、非政府組織、專業團體、熱心的社會人士、企業和政府界別，以創新和實務的社會創新方法，回應香港「雙老化」（即人口和建築物同時高速老化）的大趨勢。JCDISI 的跨界別團隊，成員來自社會福利政策、城市空間設計和社創教育背景，以設計作為介入手法，與不同年齡用家、專業背景和社會持份者運用逆轉思維，透過共創、研究和實戰行動經驗，建構針對「雙老化」的跨界別、跨代解決方案。

「騷 · In · 廬」計劃實行的幾年期間，項目主要分成四大範疇：包括「十萬分一」社創研討會、社創行動項目、啟迪創新習作和社創知識平台。團隊完成了大大小小的社創研討會、工作坊、設計專案、中學社創課程和研究知識平台，涉及議題廣泛，包括長者生活、銀齡創業、住房、公共空間、創新教育、長者友善社區、樂齡科技、跨代共創等。計劃名字「騷 · In · 廬」，中文寄語以合乎時代潮流、創新想法或做法，回應社會的離騷憂愁。「騷 · In · 廬」的社創精神是「我們的家──香港總有憂患煩惱，讓我們群策群力，以破格的思維和做法應對。」

疫情期間，我們透過視像會議跟 JCDISI 團隊進行訪談，他們分別是 JCDISI 領導空間項目小組的陸永康博士（Dr Calvin

Luk），出身建築設計，擁有資深樂齡環境設計、無障礙設計經驗，身兼多個專業建築職業協會成員，負責過渡性社會房屋、跨代共融治療花園等項目；空間項目經理、註冊城市規劃師李雅筠（Karen Lee），專研城市融合和城市管理策略，負責 JCDISI 過渡性社會房屋、跨代共融遊樂空間、劏房戶兒童身心健康和年齡友善社區規劃項目，透過參與式共創設計和原型製造，發展從證據出發的政策創新；帶領社會項目小組的項目經理鄭依依（Debby Cheng），出身社會專題記者，擁有多年非牟利項目管理、倡導勞工權益及糧食公義等議題經驗；啟迪創新習作的助理項目經理曾兆賢（Albert Tsang），擁有多年設計教育經驗，負責將社會創新思維引入中學課程。

團隊透過組織不同活動，讓各方持份者，採用不同身份參與、貢獻所長。如「十萬分一」社創研討會，有來自不同專業界的知識和範疇分享，從不同觀點收集意見和討論。設計在社會創新項目扮演的角色，並不規範於單一專業範疇，而是整體性，包含參與式設計、設計思維工作坊、社會措施、系統程序等，讓不同持份者參與，任何人都是設計過程的一份子。

Calvin 以城市空間業界為例子說明：「我們處理城市空間項目，偏向容納社會各方的不同持份者，如專業學會、建築署、社福機構、不同年紀用家等。將大學知識推廣至社區應用，設計思維幫助學生從更多途徑思考、發掘或解決問題，甚至發想創意方案。我們跟其他機構最大的不同之處在於，除了構思、設計外，更會興建落成。進行中項目有過渡性房屋、跨代共融

過渡性社會房屋是打破傳統公私營房屋二元劃分的創新房屋類型,「騷・In・廬」第一季「過渡性社會房屋」行動項目 3:馬灣舊村,透過邀請專業顧問團隊提出可行的發展方案。(圖片提供:理大賽馬會社會創新設計院)

遊樂場、治療花園等,將會陸續落實。」

跨代空間再想像

面對雙老化問題,「騷・In・廬」嘗試以設計帶出不一樣的新思維、互動和討論。強調社創工作不只是撰寫研究論文,更要落實跨界協作的專案原型,審視過程的挑戰、從中學習、吸收經驗,最後將案例經驗轉化為未來政策建議。從學術研究、社會創新、科技、城市規劃、社區共創,嘗試提出(系統)改

變。Karen 以九龍公園跨代健身徑作例子，項目將年齡友善城市與地區規劃結合，與長者一起設計社區中的設施和軟件，讓他們老後依然擁有獨立、自主、健康的生活。「這個方法讓用家成為專家，帶我們行社區，指出日常空間的痛點，帶出不一樣的城市角度。」

跨代共融遊樂空間項目的靈感，來自 JCDISI 總監凌嘉勤（KK Ling）的親身經驗，出身自城市規劃師的他，退休後跟同輩朋友到遊樂場時，發覺沒有適合大人和小朋友共同使用的遊樂設施，遊樂場能夠成為跨代共融的空間？於是團隊從這個問題開始研究，邀請香港房屋協會（房協）、康樂及文化事務署、建築署等不同政府部門、非牟利組織和社區持份者參加研討會、工作坊，讓專業設計師、五十至八十歲的用家，透過同理心地圖（Empathy Mapping）一起想像，總結六個設計考慮：空間整合、年齡中性設計、跨代設施、善用空間特性、科技和用家為本管理等。

從發想、設計專案原型，不同年齡群用家和政府部門回應、嘗試，共創與實務並重；後來更有駿發花園跨代共融遊樂空間設計比賽（公開專業組、大學組），帶動不同學科、專業和用家，重新思考公園設計。Karen 從議題帶出不同的思考角度：「遊樂場不好玩，是因為硬件設備？空間設計？還是甚麼呢？透過社創角度，大家可以加入新想像，如將遊樂場結合科技，VR（虛擬實境）+AR（擴增實境）或健康樂齡科技。由專業空間設計團隊，聯合大學與醫學、職業治療師等專家，從整體社

上 |「騷・In・廬」第一季「過渡性社會房屋」行動項目 1：深水埗通州街及欽州街西交界在推薦方案中開放空間作居民和鄰近地區的「社區大道」，增強社區凝聚力。

下 |「騷・In・廬」第四季「跨代共融遊樂空間」行動項目 10：九龍公園健身徑跨代共融遊樂空間從發想、設計專案原型、不同年齡用家和政府部門回應，共創與實務並重。

（圖片提供：理大賽馬會社會創新設計院）

會角度與用家共創。」計劃選址於九龍公園，位置在兒童公園對面，經常有很多 young-old 晨運，工作坊邀請了長者和小朋友，一起共創想像健步徑未來的玩法。「未來不但能夠老幼一齊健身，同時加入照顧者。九龍公園項目正在由政府部門研究實際考量，如何在安全和好玩之間取得平衡。」

至於未來，房協也計劃在兩個屋苑的場地興建跨代共融遊樂空間。為應對高齡人口所帶來的挑戰，房協不僅推出切合長者需要的房屋項目及相關服務，更積極改善轄下高齡屋邨的住屋環境和社區設施，以提升社區的年齡友善度，支持長者居家安老。JCDISI 和房協合作，以跨代共融遊樂空間設計為活化屋苑的藍圖，透過提升共融設施，吸引長者多外出、令少活動的長者多到遊樂場與小朋友互動，一起運動，並減少老年寂寞的問

「騒·In·廬」第七季「垂直城市中的跨代社區」行動項目 13：麗閣邨跨代共融治療花園探索活用空間設計，正面回應社區中的雙老化問題。（圖片提供：理大賽馬會社會創新設計院）

「騷‧In‧廬」第二季「關懷長者就業」行動項目 5：年齡友善的社區廚房
關注餐飲業的「長者友善」工作環境，透過考察了解如何推動「積極老齡
化」發展。(圖片提供：理大賽馬會社會創新設計院)

題。團隊希望跨代共融遊樂空間的成功會為政府「居家安老為
本、院舍照顧為後援」的政策方針添加新的意義。

麗閣邨跨代共融的治療花園，是 JCDISI 與居民合作的行動項
目，探索如何活用空間設計正面地回應雙老化問題。麗閣邨位
於深水埗區，是於 1981 年落成的公共屋邨，項目選址的平台
空間，前身是大酒樓，將變成由社福機構營運的安老院天台空
間，與麗萱樓、麗薇樓和麗蕙樓的平台層相連，設計方案關注
如何將舊建築物轉化成為服務長者和社區的新空間，產生協同
效應。

一般在公共屋邨營運的長者院舍，以室內活動為主，甚少戶外空間。長者外出活動，只有每日一、兩個小時的「放風」時間。由平台改建成的花園空間，融入動態和以人為本的設計，考慮不同年齡、文化和能力的使用者，分成不同主題和功能，有休息區、健行徑、多功能草坪、健身區、認知感官花園、故事角等，讓認知障礙症人士和家人使用和分享故事，同時是跨代共融空間，在特定的時間開放給居民使用。「現時房屋署屋邨的戶外空間，都不讓院舍使用，這個實例可以讓大家看到不同的有機組合，解決城市中的老化空間和人口問題。」Calvin與團隊期望這些跨代共融公園行動實踐成為參考例子，日後推廣至全港公共屋邨和十八區的遊樂場。

過渡屋項目則與社福機構合作，為社會有需要人士提供為期三年住屋，暫住期間有社會服務支援，幫助改善個人理財、家庭關係。由於選址在不同舊區或中產地段，除了短暫性房屋問題，重點讓住戶回饋社區、為社區增值，令鄰里對基層印象改變，解決社會標籤化基層住客的目光。「除了建築模件，設計還要考慮整個住屋、社區、福利和社會制度，如何達到最大的社區效益。」

社會創新大多是來自民間和自發性的項目，因為大部分社會問題複雜、持份者之間存在不同利益衝突，需要運用設計梳理和解決問題。Calvin指出設計的好處是定義甚廣，從硬件、設計過程、制度、到營運系統，能夠在社創的不同階段中，發揮不同的作用。因此，項目同時凝聚學術、社區和專業團體資源：

包括理大多個不同學系，包括設計學院、應用社會科學系、護理學院、康復治療科學系、生物醫學工程學系等以及專業背景的設計師、職業治療師和社會科學家。

從議題了解長者的生活習慣

從空間到長者社會議題，設計思維同樣能夠關注長者的退休生活、工作、娛樂和經濟狀況。

社會人口老化，勞動人口也會隨之老化，六十、六十五歲人士退休後的經濟要如何應付？在香港這個「全球最累城市」，打工仔平均每周工作五十五小時的社會，當年紀愈大，身體機能愈衰弱，他們還可以維持高強度工作？JCDISI早期項目關注長者和基層工人的友善工作環境。Debby列舉題目有手推車設計、長者清潔工、垃圾站或社區共融廢物處理中心等，解說三年以來的項目行動體會：「甚麼人年紀大，還要繼續工作？就是日日為口奔馳的基層，我們關注這類型用者在工作場所如何使用工具？跟四周環境的互動關係，思考如何給他們一個更人性化的工作環境？」

另一邊廂的新一代長者教育和經濟水平上升，他們期待以多元化的方式參與、貢獻社會。這班年長人士，擁有年月累積下來的工作經驗和想法，適合發展銀齡創業。「社會存在年齡歧視，如坊間不少創業機會主要吸引後生仔為主。銀齡創業項目希望透過設計思維，教長者基本創業技能，設計和創造他們的

未來創業機會。」在 JCDISI 舉辦的銀齡社創比賽中，有三隊「50＋」創業家組合獲獎，進行了六個月的創業試行實踐。

同樣地，JCDISI 以積極老齡化概念，與不同非牟利機構的長者中心合作，聯結團隊、設計顧問、社工與長者會員共創娛樂休閒活動，發掘長者中心再想像的新可能性。「長者中心的服務好比一棵聖誕樹，政府每推出一項新政策、服務就掛上去。漸漸地令社區中心聚集了一班身體較差、需要復康、社區照顧的長者。如何吸引活力的 young-old 參加？如何令長者中心活動年輕化？」Debby 以語音互動機械人「東仔」和「銀髮 DJ」行動項目作案例分享。

「銀髮 DJ」行動項目，鼓勵老友記自己做電台節目。原本只是簡單地用中心廣播系統播歌，疫情下變陣成為數碼化節目「聲聲相識星期二」，利用數碼工具和網上電子平台做節目，由內容、選歌、錄製、播放節目到用 WhatsApp 與同齡長者分享，過程中嘗試以音樂連結中心會員，試驗將長者活動虛擬化。行動項目完成後，報告中更記錄這次經驗，有助其他人日後試行。

與東華三院方肇彝長者鄰舍中心設計「東仔」機械人項目的靈感，則來自長者的共創工作坊，由一位不識字的老友記提出，促進中心與長者溝通。「長者中心位置大多位於公屋第一層，為了遷就公屋空間，中心的室內佈局大多是三尖八角或九曲十三彎，長者難以找到活動房的位置，加上中心資訊以傳統月

「騷・In・廬」第二季「關懷長者就業」行動項目 4：共創回收工作手推車，透過連結公眾、社區組織、基層手推車用家、專業設計師，透過研發設計，製作了一台貼合拾荒長者工作需要的回收工作手推車。（圖片提供：理大賽馬會社會創新設計院）

刊方式交流，長者既讀不到、亦容易錯過資訊。

假如中心有機械人分享活動、關心老友記就好了。我們採用了這個點子，與設計顧問 Eureka 及技術顧問 Roborn，在機械人外表、功能、對話內容和原型設計，反覆嘗試，想像『東仔』可以對話、講笑話等。這類共創項目，可以透過關心長者生活細節、喜好，提案和設計更適合的溝通方法。」

讓未來的老年人（學生）參與

今日的中小學生，就是未來的老年人，JCDISI 的教育項目與中學課程結合，配合不同學科，設計社會創新課程，內容沒有特別強調雙老化主題，注重活用社創角度，從危機中發現創新的可能性。「社會創新的其中一個方法是識別未滿足的需要（meet the unmet needs），讓中學生學習觀看問題的新角度，別集中在解決事情，局限了創新思維的可能性。意義是在於如何學習如何連結，在學科與學科之間、學科與世界之間的知識和關係。」Albert 與團隊編製的教育項目內容，大多是來自日常生活和 JCDISI 案例，讓學習與現實相連同時延伸到不同團隊的行動項目。

Albert 指出大部分學生，構想老年產品時，意念大多是基於同情、好心，想幫助伯伯、婆婆。要做到真正的創新，年輕人需要培養對設計物件有熱忱。「六十歲老年人，每日心思跟大家一樣，是想想去哪裏吃飯、看甚麼電影，而不是尿袋、拐杖。

自 2018 年起，JCDISI 一直與中學師生共同協作，將設計思維和社會創新融入教育。（圖片提供：理大賽馬會社會創新設計院）

今天的年輕人會成長，也會變老，未來生活到底會怎樣？他設計的老齡產品，未來的自己會用嗎？設計經常強調用家、持份者（他者），聽上來似是沒有了自己。為公園設計時，有鞦韆、噴水池、咖啡室，滿足了大家的需要後，更需要撫心自問，這設計是不是內心嚮往的東西？有時設計的過程，更需要培育大家對未來的熱忱。」

一起重新定義「老」

未來計劃將會延續下去，Calvin 預告團隊將繼續跨代遊樂場、認知障礙症和社區空間等項目，透過不同類型的原型設計、行動項目，發現不同長者的需要，以案例經驗作的先導實驗，慢慢改變政策，達到更全面的創新。這個亦與「騷・In・盧」舉辦的「社會創新區域論壇 2021」（SIRF）研討會主題：大家要重新定義「老」的討論互相呼應。

退休歲數不只是六十或六十五歲，也可以是七十五歲，繼續活得精彩，在晚年生活按照自己的意願生活、工作和娛樂。Karen 以理大活齡學院的會員作例子，他們是一班喜歡學習的長者，大家一齊玩、一齊 jam 點子的夥伴。「他們相信 life is not just there（生活有更多可能性），在跨代共創過程中，同學與長者們的關係是互動的，一起思考給社會的新設計、共同生活方式。」

Karen 指出我們更需要共同想像未來一百二十歲的生活。「我

們的共創活動，除了長者外，一定有小朋友參加，讓大家不要被框住。JCDISI 的強項在於想像未來，思考政府配套、商界、社福機構角色等社會各方如何配合。」透過跨界別共創，公眾、專業人士、政府人員等能夠建立新社會關係，打破界別。

年齡只是數字，新一代的長者又醒又有活力，絕對不是「老」。Albert 提議以另一個角度看「老」：「人人講老齡化時，着眼於討論未來人口老化，為甚麼不說人活得長了？需要為設計更長壽的人生計劃，而不是為老年人設計？從新角度看的話，當人生多出了三十多年時間生活，論述能夠從老齡轉移到生活、時間討論。」

鳴謝

「後。生」展覽策劃及設計團隊
策展人：ohmykids
聯合策展人：小市山設計
視覺傳訊設計：Ztory Inc Limited
委約作品「拍檯拍凳」設計：MUDWORK

《設計後半生》前言及序言
香港設計中心主席嚴志明教授太平紳士
香港設計中心行政總裁黃偉祖博士
香港理工大學應用社會科學系副教授暨活齡學院總監、社會福利諮詢委員
　　會及安老事務委員會委任成員白雪博士

受訪的設計單位（依筆劃及首字母排序）
小市山設計
必靈科技
老正工作室
香港大學秀圃老年研究中心
香港理工大學賽馬會社會創新設計院
啟民創社
基督教家庭服務中心創老工作室
睿程製作社
劉子晉
樂齡實驗室
歷耆者
Eureka
ohmykids
Studio Doozy
The Project Futurus

香港設計中心「設計光譜」團隊
項目總監：周詠賢
項目成員：（依姓氏筆劃排序）
王以加
伍卓然
林美紅
陳頌媛
梁詠心
黃啟恩
黃嘉程
劉寶金
謝樺欣

香港設計中心市場推廣及傳訊團隊
（依姓氏筆劃排序）
黃佩琪
盧凱欣

「設計光譜」主要贊助機構
香港特別行政區政府「創意香港」

免責聲明：香港特別行政區政府僅為本項目提供資助，除此之外並無參與項目。在本刊物／活動內（或由項目小組成員）表達的任何意見、研究成果、結論或建議，均不代表香港特別行政區政府、文化體育及旅遊局、創意香港、創意智優計劃秘書處或創意智優計劃審核委員會的觀點。

［書名］
設計後半生

［策劃］
香港設計中心

［作者］
徐巧詩

［攝影］
馬熙烈、吳嘉華、梁灝頤（Common Studio）

［責任編輯］
莊櫻妮

［書籍設計］
姚國豪

［出版］
三聯書店（香港）有限公司
香港北角英皇道四九九號北角工業大廈二十樓
Joint Publishing (H.K.) Co., Ltd.
20/F., North Point Industrial Building,
499 King's Road, North Point, Hong Kong

［香港發行］
香港聯合書刊物流有限公司
香港新界荃灣德士古道二二〇至二四八號十六樓

［印刷］
寶華數碼印刷有限公司
香港柴灣吉勝街四十五號四樓A室

［版次］
二〇二二年十月香港第一版第一次印刷

［規格］
大三十二開（140mm × 210mm）二四八面

［國際書號］
ISBN 978-962-04-5022-8

三聯書店
http://jointpublishing.com

JPBooks.Plus
http://jpbooks.plus